Ab sofort produktiver arbeiten

50+ einfache Hacks, mit denen Sie Ihre Aufgaben besser organisieren, Prokrastination überwinden und Ihr Zeitmanagement perfektionieren

John R. Torrance

INHALTSVERZEICHNIS

Ihr aktueller Status

Moderne Arbeitsplätze bzw. Arbeitsumgebungen sind in den letzten Jahren immer anspruchsvoller und wettbewerbsintensiver geworden. Alles scheint immer schneller zu gehen, und zwar unabhängig von der Art der Arbeit, die Sie verrichten, Ihrer Berufsbezeichnung oder Ihrer Branche. Dazu kommen noch die technologischen Fortschritte sowie die Tatsache, dass wir mittlerweile nahezu völlig abhängig von modernen Technologien sind. Aus diesem Grund wird es immer komplizierter, in der heutigen Welt produktiver zu werden. Mit anderen Worten: Die Werkzeuge, um eine höhere Produktivität zu erreichen, entwickeln sich ständig weiter, doch unsere menschliche Kapazität scheint zu schwinden.

Jeder hat die gleiche Menge an Zeit, nämlich 24 Stunden am Tag, 7 Tage die Woche und 365 Tage im Jahr. Die Fähigkeit, das Beste aus jedem Tag herauszuholen, ist jedoch nicht allen Menschen gemeinsam. Wir wachen jeden Tag auf, quälen uns aus dem Bett, ziehen uns an und eilen zur Arbeit. Wenn Sie ein Mensch sind, der sich tägliche, wöchentliche oder monatliche Ziele setzt, um erfolgreich zu sein, werden Sie vielleicht tatsächlich einige Dinge erledigen können. Die meisten Menschen lassen sich jedoch von unzähligen Problemen und zahllosen Unterbrechungen bei der Arbeit aufhalten. Andere haben persönliche und arbeitsbezogene Probleme, die sie mit zur Arbeit nehmen.

Schlussendlich sind viele Menschen demotiviert, gestresst und niedergeschlagen, weil sie nicht dazu in der Lage sind, ihre täglichen Aufgaben zu erledigen. Das Ärgerliche daran ist, dass der Druck im Laufe der Zeit immer größer wird. Abgabetermine rücken näher, die Vorstandssitzung ist noch zwei Tage entfernt, und Sie haben die für Ihren Bericht erforderlichen Details immer noch nicht ausgearbeitet. Egal, wie hart Sie arbeiten, die Dinge scheinen irgendwie aus dem Ruder zu laufen.

Ja, Sie sind zwar sorgfältig, scharfsinnig und fleißig, aber manchmal scheint bei Ihnen der Wurm drin zu sein. Und zu allem Überfluss müssen Sie auch noch Arbeit mit nach Hause nehmen, um Ihre Abgabetermine einzuhalten. So sehr es Ihnen auch nicht gefällt, Sie fühlen sich ausgebrannt und verlieren an Kraft, können jedoch keine Pause einlegen, um Luft zu holen. Die traurige Nachricht ist, dass der ständige Stress kontraproduktiv für Ihre Gesundheit sein kann, was Ihre Produktivität weiter verringert.

Wo Sie sein möchten

Die Regeln am Arbeitsplatz haben sich geändert. Sie müssen schnell und entschlossen sein, um an der Spitze zu bleiben. Vor zwei Jahrzehnten wäre es noch in Ordnung gewesen, hart zu arbeiten, um Erfolg zu haben. Die heutige Welt lebt jedoch von dem Prinzip, intelligenter statt härter zu arbeiten. Das soll nicht heißen, dass die Geschäftswelt Nachlässigkeit duldet, aber mittlerweile haben sich bessere Möglichkeiten entwickelt, um Aufgaben erfolgreich abzuschließen.

Ihre Produktivität hängt weitgehend von der effizienten Nutzung Ihrer begrenzten Zeit ab, um Aufgaben zu optimieren. Es gibt bewährte Tools, Produktivitätssysteme und Prinzipien, um Ihre persönliche Effektivität bei der Arbeit zu steigern. Wenn Sie intelligenter arbeiten, können Sie Ihre Energie und Ressourcen kanalisieren, was zu einer erhöhten Konzentration führt. Am Ende haben Sie einen optimierten Zeitplan, der zu einer höheren Produktivität und weniger Burnouts führt.

Insgesamt sollte Ihr Fokus darauf liegen, sich die Fähigkeit anzueignen, Zeitfresser in Ihrer täglichen Arbeitsroutine zu identifizieren. Als Nächstes sollten Sie dazu in der Lage sein, zu bestimmen, wie Ihr Arbeitsablauf vonstattengehen soll, um den Nutzen der aufgewendeten Zeit zu erhöhen. Letztlich erhöhen Sie damit Ihre Chancen, zu den Top-Performern in Ihrer Branche zu gehören.

Ab sofort produktiver arbeiten bietet Ihnen meine persönliche Erfahrung und mein Wissen aus über zwei Jahrzehnten als Produktivitäts-Coach. Dieses Buch enthält erprobte Systeme sowie Tipps und Tricks, die Ihnen dabei helfen, Ihre Produktivität erheblich zu steigern. Es bietet Ihnen zudem praktische Methoden, Prinzipien und Erfahrungen, die meine Vergangenheit geprägt haben und die mir dabei geholfen haben, in allen Lebensbereichen Spitzenleistungen zu erzielen.

Dieses Buch kann Ihnen als persönlicher Leitfaden auf Ihrer Reise zu mehr Selbstdisziplin und einer besseren Produktivität dienen.

Die Lektüre dieses Buches kann Sie in den folgenden Bereichen unterstützen:

- Überwindung der Prokrastination.
- Steigerung Ihrer Effizienz, sodass Sie sich stärker auf die Dinge konzentrieren können, die für Ihren Erfolg entscheidend sind.
- Hilfe bei der Entwicklung von Strategien, sodass Sie intelligenter statt härter arbeiten können.
- Unterstützung bei Ihrer Entwicklung zu einem Leistungsträger in Ihrem Job.
- Mehr Freude bei der Arbeit.
- Beschleunigung Ihres Lernpotenzials.
- Erlernen der Fähigkeit, mehr aus den begrenzten Arbeitsstunden des Tages herauszuholen.
- Neuorganisation Ihrer Arbeits- und Lernzeit, damit Sie ein Experte auf Ihrem Gebiet werden.
- Leidenschaftliche Verfolgung Ihrer Träume.

Wie realistisch ist dieses Buch?

Ab sofort produktiver arbeiten enthält die Prinzipien, die mein Leben seit mehreren Jahrzehnten prägen. Die Lektüre dieser Erkenntnisse und Tricks wird den entscheidenden Unterschied auf Ihrem Weg hin zu einem produktiveren Leben ausmachen. Die meisten dieser Prinzipien haben mir dabei geholfen, meine Produktivität um mindestens 80 % zu steigern. Oftmals bieten Autoren und öffentliche Redner unpraktische Lösungen an, die sich auf dem Papier gut anhören. Allerdings wollen die meisten lediglich ein Konzept verkaufen. Dieses Buch enthält jedoch nichts von alldem. Es versucht nicht, Ihnen irgendwelchen Unsinn anzudrehen, indem es unrealistische Schritte und Prinzipien verspricht. Der Großteil dessen, was Sie in diesem Buch lesen werden, basiert auf echten Erfahrungen aus dem wirklichen Leben und enthält erprobte wissenschaftliche Methoden und Strategien. Die in diesem Buch enthaltenen zusätzlichen Informationen stammen von verlässlichen Produktivitätsexperten und Branchenführern aus allen Bereichen des Lebens.

Was haben Sie von diesem Buch?

Meine Empfehlungen und Tipps für intelligenteres Arbeiten können Sie zu einem Top-Performer an Ihrem Arbeitsplatz machen. Betrachten Sie daher den Kauf und die Lektüre dieses Buches als eine echte Investition. Als solche besteht das primäre Ziel dieses Buches darin, sicherzustellen, dass Sie den maximalen Nutzen daraus ziehen und Ihre Produktivität messbar steigern.

Um jedoch das Beste aus jedem Kapitel und jeder Übung in diesem Buch herauszuholen, sind Beständigkeit und unablässiges Üben erforderlich. Setzen Sie die wertvollen Lektionen in diesem Buch in die Praxis um und Sie werden mit der Zeit einen immensen Produktivitätsschub erleben. Am Ende haben Sie das Potenzial, einer der Top-Performer an Ihrem Arbeitsplatz oder in Ihrer Branche zu werden.

Das Versprechen

Wenn Sie versprechen, die in diesem Buch enthaltenen Informationen (oder Kniffe, wenn Sie so wollen) aufmerksam und unvoreingenommen zu lesen und sie in die Praxis umzusetzen, garantiere ich Ihnen, dass Sie innerhalb der nächsten Tage bis vier

Wochen eine mindestens 45%ige Verbesserung Ihres Produktivitätsniveaus feststellen werden. Am Ende eines Jahres werden Ihr Potenzial und Ihre Produktivität keine Grenzen mehr kennen!

Was Sie jetzt tun sollten

Damit Sie das Beste aus *Ab sofort produktiver arbeiten* herausholen können, müssen Sie einen Aktionsplan erstellen, wie Sie dieses Buch lesen. Berücksichtigen Sie Ihren Terminplan und legen Sie eine bestimmte Uhrzeit am Tag fest, um zu lesen. Als Faustregel gilt, dass die frühen Stunden des Tages in der Regel eine hervorragende Gelegenheit zum Lesen mit minimalen Ablenkungen bieten. Legen Sie außerdem fest, wie viele Minuten Sie jeden Morgen für die Lektüre dieses Buches einplanen wollen. Sie könnten sich eine 14- bis 40-Tage-Challenge vornehmen, um dieses Buch zu beenden. Alles hängt davon ab, wie schnell Sie lesen können. Es geht jedoch nicht um Geschwindigkeit, sondern darum, dass Sie die wertvollen Ressourcen, die Sie in diesem Buch finden, lernen und anwenden können. Ich schlage vor, dass Sie sich beim Lesen mit einem Stift und einem Notizblock bewaffnen, um sich die wichtigsten Punkte zu notieren. Wenn Sie über Haftnotizen und eine Tafel in Ihrem Zimmer oder Büro verfügen, können Sie wichtige Punkte, die Sie nicht vergessen wollen, an Ihren Spiegel oder Ihre Tür kleben, am besten irgendwo in Sichtweite.

Und zu guter Letzt: Sobald Sie eine neue Methode gelernt haben, machen Sie sich sofort an die Arbeit, um diese Methode in die Praxis umzusetzen. Warten Sie nicht, bis Sie dieses Buch zu Ende gelesen haben, bevor Sie sie umsetzen. Gehen Sie den Lernprozess schrittweise an.

Lesen Sie jetzt weiter und beginnen Sie noch heute damit, Ihre Produktivitätsgewohnheiten mit diesen mehr als 50 bewährten und umsetzbaren Methoden zu steigern.

KAPITEL EINS

Treffen Sie eine Entscheidung, welche Ziele Sie erreichen wollen

Im Leben geht es darum, Entscheidungen zu treffen. Sie können im Leben nur in dem Ausmaß erfolgreich sein, in dem Sie gewillt sind, Entscheidungen zu treffen. Aus diesem Grund müssen Sie sich dafür entscheiden, was Sie vom Leben wollen. Welche Ziele Sie sich auch immer für Ihr Leben oder Ihre Karriere gesetzt haben, sie können nur dann Wirklichkeit werden, wenn Sie klare Entscheidungen treffen. Das Leben wird Ihnen nicht die Dinge schenken, die Sie glauben, verdient zu haben. Sie bekommen nur etwas vom Leben, wenn Sie etwas hineinstecken. In den meisten Fällen beginnen Produktivitätssteigerungen sowie alle Arten von Erfolg im Kopf.

Was auch immer Sie im Leben anstreben, egal ob beruflich oder privat: Sie müssen zuerst Ihren Weg bewerten. Als Nächstes müssen Sie sich sinnvolle Ziele setzen, um diese zu erreichen. Diese Ziele müssen ebenfalls einen Aktionsplan enthalten, um sie in die Tat umzusetzen. Um produktiver zu werden, können Ihnen diese sechs Schritte zur erfolgreichen Definition von Zielen dabei helfen, Spitzenleistungen zu erreichen:

Vertrauen

Es ist ein wichtiger Teil der Zielsetzung, starkes Vertrauen in den Prozess zu haben. Wenn Sie kein Vertrauen in die Dinge haben, die Sie tun, dann wird der Prozess der Zielerreichung Sie schneller erschöpfen. Die Entscheidung, welche Ziele Sie erfüllen wollen, sollte darauf basieren, wie gut Sic die Anforderungen kennen.

„Wann immer Sie ein erfolgreiches Unternehmen sehen, hat jemand einmal eine mutige Entscheidung getroffen." – Peter F. Drucker

Nichts Sinnvolles geschieht zufällig. Es erfordert die Festlegung von Zielen sowie Handlungen, um Erfolg zu sehen. Der Glaube an Ihre Fähigkeiten dient als Treibstoff, um Ihre Ziele zu erreichen. Wenn Sie an den Prozess glauben, werden Sie danach streben, ihn sich zu eigen zu machen bzw. zu personalisieren. Der Glaube an den Prozess beseitigt jedoch nicht die Herausforderungen und Fallstricke, die mit jedem Unterfangen einhergehen. Auf diese Weise können Sie allerdings Ihre Entschlossenheit stärken, über die zeitlichen Rückschläge hinwegsehen und sich auf das Wesentliche konzentrieren. Ein fester Glaube an sich selbst kann Ihnen dabei helfen, die nötige Energie freizusetzen, um den Prozess konsequent bis zum Ende zu verfolgen. Ihre Gedankengänge können dabei als Bausteine dienen, um Ihre Ziele zu erreichen.

Bestimmte Gedankengänge können hierbei selbstbegrenzend wirken. Solche selbstlimitierenden Gedanken sind meist negative Gedanken. Positive Gedanken und Überzeugungen werden Ihnen dabei helfen, Ihre Energie auf die Erreichung Ihrer Ziele zu lenken. Wenn Sie einmal entschieden haben, was Sie wollen, erleichtert Ihnen der Glaube an den Prozess, Ihre Ziele zu verwirklichen.

**„Glück ist nicht die Abwesenheit von Problemen, sondern die Fähigkeit, damit umzugehen."
– Steve Maraboli**

„Sobald Sie eine Entscheidung getroffen haben, wird das Universum eine Verschwörung in Gang setzen, um diese Entscheidung zu realisieren." – Ralph Waldo Emerson

Sie befinden sich in der besten Position, sich selbst zu inspirieren, um Ihre Ziele im Leben zu erreichen. Aus diesem Grund sollten Sie an sich selbst glauben.

Einschränkende Glaubenssätze

**„Jeder Mensch hält die Grenzen seines eigenen Ge-
sichtsfeld für die Grenzen der Welt."
– Arthur Schopenhauer**

Bestimmte Glaubenssätze sind selbstlimitierende Gedanken. Be-
grenzende Glaubenssätze senden normalerweise negative Schwingungen aus, die das Erreichen Ihrer persönlichen oder beruflichen
Ziele unmöglich machen. Diese einschränkenden Gedanken stammen aus Ihren vergangenen Erfahrungen, Ihrem Umfeld und Nor-
men. Zu solchen einschränkenden Glaubenssätzen gehören die
folgenden:

Alles-oder-nichts-Glaubenssatz

Der Alles-oder-Nichts-Glaubenssatz ist eine extremistische Denkweise. Es handelt sich hierbei um einen Glaubenssatz in Schwarz
oder Weiß ohne Platz für einen Mittelweg oder ein Gleichgewicht.
Mit anderen Worten: Entweder man hat alles oder man hat nichts.

Übertriebene Überzeugung

Personen mit einer übertriebenen Überzeugung neigen dazu, Ereignisse oder Begebenheiten unverhältnismäßig zu verherrlichen.
Es ist in Ordnung, positiv zu denken und das Optimum anzustre-
ben, doch wenn Sie eine übertriebene Überzeugung haben, wird es
schwierig für Sie werden, Ihre beruflichen oder persönlichen Ziele
zu definieren bzw. zu erreichen.

Minimalistische Überzeugung

Menschen mit einer minimalistischen Denkweise neigen dazu,
Energie auf kleine Dinge zu verwenden. Außerdem kann eine mi-
nimalistische Überzeugung bedeuten, dass solche Menschen kom-
plizierten Details eines bestimmten Ziels wenig Aufmerksamkeit
schenken. Ein Minimalist schiebt die Verfolgung eines Ziels auf
oder betrachtet es als eine unwichtige Sache.

Selbstbezeichnungen

Selbstbezeichnung bedeutet, dass Sie sich selbst aufgrund eines vergangenen Vorfalls stereotypisieren, wobei in der Regel negative Begriffe verwendet werden. Eine andere Form der Selbstbezeichnung besteht darin, sich selbst Bezeichnungen für Geschehnisse zu geben, die geschehen oder nicht geschehen sind. Außerdem umfassen Selbstbezeichnungen auch die Verallgemeinerung von Situationen und Erfahrungen, die Sie in ein negatives Licht rücken könnten.

Fehlbezeichnungen

Fehlbezeichnung ist eine Form der falschen Darstellung Ihrer selbst. Eine solche Überzeugung umfasst die unangemessene Beschreibung eines Vorgangs oder Ereignisses. Eine solche Fehldarstellung stimmt nicht mit Ihren beruflichen oder persönlichen Zielen überein.

Voreilige Schlussfolgerungen

Entscheidungen oder Urteile, die in Eile ohne rationale Beweise getroffen werden, können negative Ergebnisse nach sich ziehen. Vorschnelle Urteile aufgrund der Aktionen oder Reaktionen einer Person können zu unzutreffenden Annahmen führen und solche Annahmen können wiederum Komplikationen am Arbeitsplatz oder in Bezug auf Ihr Privatleben zur Folge haben.

Pessimistische Gedanken

Manche Gedankengänge können nur negative Ergebnisse hervorbringen. Wenn Sie immer nur das Falsche in Situationen und Menschen sehen, kann dies zu Negativität in Ihrem persönlichen und beruflichen Leben führen. Menschen halten manchmal negative Gefühle fest und akzeptieren diese als Tatsache. Wenn dies geschieht, diskreditieren sie die Wahrheit und entscheiden sich dafür, die negativen Gedanken über ihre Arbeit, ihre Umgebung oder sich selbst zu glauben. Eine negative emotionale Grundhaltung führt dazu, dass Sie eine Situation als negativ ansehen, wenn Sie sich deswegen schlecht fühlen.

Wie Sie einschränkende Glaubenssätze loswerden

Ihre Glaubenssätze formen die Person, die Sie sind.

„Lernen wir zu früh unsere Grenzen, lernen wir nie unsere Kräfte."
– Mignon McLaughlin

Die einzige Möglichkeit, sinnvolle Änderungen in Ihrem Leben vorzunehmen, besteht darin, bestimmte Anpassungen in Ihrem Glaubenssystem zu vollziehen. Sie sollten die folgenden Dinge tun, um die erforderliche Änderung in Ihrem Glaubenssystem vorzunehmen:

Selbstanalyse

Beginnen Sie zunächst damit, Ihr Leben zu bewerten. In welchen spezifischen Bereichen haben Sie das Gefühl, dass Sie feststecken? Welcher Aspekt Ihres Ziels funktioniert nicht so richtig für Sie? Um sich von selbst einschränkenden Glaubenssätzen zu befreien, müssen Sie die zu erwartenden Probleme beim Erreichen Ihrer Ziele identifizieren. Formulieren Sie diese Probleme in so wenigen Sätzen wie möglich.

Was sind Ihre einschränkenden Glaubenssätze?

Sie müssen die einzelnen Glaubenssätze aufschreiben, die Sie als die begrenzenden Faktoren wahrnehmen. Identifizieren Sie, wie jeder einzelne Glaubenssatz Sie daran gehindert hat, Ihre Ziele zu erreichen. Zum Beispiel: Sie müssen bestimmte Maßnahmen ergrcifen, um die nächste Stufe Ihres Ziels zu erreichen. Pessimistisch zu sein, hindert Sie jedoch daran, Ihre persönlichen oder beruflichen Ziele zu erreichen. In diesem Fall müssen Sie, um erfolgreich zu sein, die Ursachen für pessimistische Gefühle kennen und wissen, wie Sie mit ihnen umgehen können.

Manchmal kann eine einschränkende Überzeugung dazu beitragen, Sie vor bestimmten Gefahren oder Handlungen zu schützen. Diese einschränkenden Glaubenssätze können jedoch auch dazu führen, dass Sie Ihre Ziele nicht erreichen. Wenn Sie z. B. ein Mensch sind, der gern sparsam lebt und daran glaubt, so viel Geld wie möglich zurücklegen zu müssen, dann könnte es Ihnen verschwenderisch erscheinen, viel Geld für den Urlaub auszugeben. Es bedarf eines klaren Verständnisses der Ziele und des Zwecks des Urlaubs, um einen solchen Menschen davon zu überzeugen, mehr Geld auszugeben. Eine Urlaubsreise könnte z. B. der Entspannung, der Bildung oder der beruflichen Weiterentwicklung dienen. Aus diesem Grund könnten Sie die Ausgaben für den Urlaub an ein bestimmtes Ziel binden, um diese einschränkende Überzeugung zu überwinden.

> **„Ich bin nicht an Ihren einschränkenden Glaubenssätzen interessiert; ich bin daran interessiert, was Sie grenzenlos macht."**
> **– Brendon Burchard**

Eine der besten Möglichkeiten, einen einschränkenden Glaubenssatz herauszufordern oder loszuwerden, besteht darin, einen Lebenszweck zu finden. Wenn Ihr Lebenszweck mit Ihren Zielen übereinstimmt, dann wird es einfacher, sich anzustrengen, um diese Ziele zu erreichen. Wenn es um einschränkende Glaubenssätze geht, müssen wir also nach Wegen suchen, um diese zu überwinden. Wir müssen bestimmte Gewohnheiten ändern, um unsere Ziele zu realisieren. Hilft Ihnen ein Glaubenssatz dabei, Ihr Ziel in der gewünschten Weise zu erreichen? Wenn nicht, dann überlegen Sie, wie Sie diesen Glaubenssatz loswerden können. Manchmal funktioniert ein bestimmter Glaubenssatz vielleicht perfekt für eine bestimmte Stufe Ihres Ziels. Bei anderen Zielen könnte er jedoch kontraproduktiv werden. In diesem Fall müssen Sie das Ziel neu bewerten und Anpassungen vornehmen.

Lebenszweck

„Das Geheimnis des Erfolgs ist Zielstrebigkeit." – Benjamin Disraeli

John lebte den amerikanischen Traum, den wir alle gerne erreichen möchten. Unmittelbar nach dem College bekam er einen Job bei einem hochkarätigen Unternehmen in Manhattan. Innerhalb von drei Jahren wurde er in eine leitende Position befördert. Mit dieser Position kamen ein Auto und andere Vorteile einher, dazu Jahresurlaube. Es schien, als ob John das Leben seiner Träume führen würde. Der nächste Schritt für John war, zu heiraten und Kinder zu bekommen.

Doch nach acht Jahren und drei Kindern fühlte sich John restlos überfordert. Endloser Druck bei der Arbeit und im Privatleben, nie enden wollende Rechnungen, die unbezahlbar zu sein schienen, waren einfach zu viel für John. Frustriert beschloss er, mit der U-Bahn nach Hause zu fahren, statt mit seinem eigenen Auto. Auf einer elektronischen Werbetafel auf dem Heimweg sah er in dicken Lettern die Werbeanzeige einer bekannten Getränkemarke: „Finde deinen Funken und erwecke ihn zum Leben!"

Während er einen langen Spaziergang nach Hause machte, begann John nachzudenken. Er analysierte sein Arbeits- und Privatleben der letzten acht Jahre. Er fühlte sich innerlich leer. *Mein normaler 9-bis-5-Job ist scheiße!* sagte er sich. Er wollte mehr vom Leben, konnte aber nicht sagen, was genau er wollte. Während er lief, stellte sich John immer wieder die jahrhundertealten Fragen, die sich die meisten Menschen stellen, wenn das Leben keinen Sinn mehr zu machen scheint. *Was ist mein Funke? Wer bin ich? Worum geht es in meinem Leben wirklich?*

Irgendwann kommen wir alle an diesen Punkt im Leben, an dem sich das Gefühl der Leere einstellt. An diesem Punkt beginnen wir, bedeutungsvolle Fragen zu stellen, die geradezu nach Antworten schreien. Manchmal nehmen uns die Antworten auf diese Fragen mit auf eine Reise, uns selbst zu entdecken.

„Es gibt keine größere Qual, als eine unerzählte Geschichte in sich zu tragen."
– Maya Angelou

Wenn Sie den Grund für die Festlegung eines Ziels verstehen, dann haben Sie ein mächtiges Werkzeug. Dieses Werkzeug hilft Ihnen dabei, Ihr Ziel im Fokus zu behalten und Ihre Aktivitäten auf das Erreichen des Ziels auszurichten. Wenn Sie den Grund für Ihr Ziel kennen, wird es Ihnen als Motivation dienen, um dieses Ziel zu erreichen. Wenn Sie Ihren Lebenszweck kennen, dann haben Sie das Sprungbrett, um Ihre Ziele Wirklichkeit werden zu lassen. Ihr Lebenszweck unterstützt Sie also darin, Ihre persönlichen und beruflichen Entscheidungen zu definieren.

Um ein erfülltes Leben zu führen und inneren Frieden zu genießen, müssen Sie Ihren Lebenszweck herausfinden. Ihr Lebenszweck dient Ihnen als innerer Kompass.

„Wofür ich lebe und wofür ich sterbe ist die gleiche Frage."
– Margaret Atwood

Fragen, die Sie vermeiden sollten, wenn Sie Ihren Lebenszweck finden möchten:

- Kann ich es schaffen?
- Wird es funktionieren?
- Wer wird mir helfen?
- Was ist, wenn ich versage?
- Was ist, wenn ich das Interesse verliere?
- Was ist, wenn ich keinen Gewinn mache?
- Was, wenn ich falsch liege?

Ehrliche Fragen, um den Lebenszweck in Ihrem Leben zu finden:

- Was würden Sie tun, auch ohne bezahlt zu werden?
- Was genau wollen Sie?
- Welche Dinge fallen Ihnen leicht?
- Was ist Ihre Leidenschaft?
- Was würden Sie tun, wenn Sie wissen, dass Sie nicht scheitern können?
- Welche Dinge sorgen dafür, dass Sie sich lebendig fühlen?
- Welche Sache sorgt dafür, dass Sie sogar vergessen zu essen?
- Welche Sache würden Sie immer wieder tun, auch wenn andere Leute sich deswegen über Sie lustig machen?
- Welche Sache hält Sie bis spät in die Nacht wach, ohne dass Sie sich langweilen?
- Für welches Problem der Welt könnten Sie Ihrer Meinung nach am ehesten zu einer Lösung beitragen?
- Wenn Sie noch ein Jahr zu leben hätte, wie würden Sie dieses Jahr nutzen? Wie würden Sie in Erinnerung bleiben wollen?

Wie Sie Ihren Lebenszweck entdecken

Entdecken Sie Ihre Leidenschaft

Was ist Ihre Leidenschaft? Die oben formulierten ehrlichen Fragen bieten Ihnen eine einfache Möglichkeit, die Frage nach dem Sinn des Lebens zu beantworten. Jeder Mensch hat eine ihm angeborene Fähigkeit, die ihn zum Handeln inspiriert. Es gibt eine tiefe Verbindung zwischen den Dingen, für die Sie eine Leidenschaft hegen, und Ihrem Lebenszweck. Sie können keinen Zweck für sich selbst erschaffen, denn er steckt bereits in Ihnen.

Sie müssen lediglich Ihren Lebenszweck entdecken. Sie werden in dieser Disziplin nicht unbedingt der Beste sein, nur weil diese mit

Ihrem Lebenszweck übereinstimmt, aber Sie werden diese Disziplin leichter bewältigen und spannender finden, wenn sie Ihr Lebenszweck ist. Fortbildungen und Weiterentwicklung können Ihnen dabei helfen, Ihre Fähigkeiten zu vertiefen, um zu einem Top-Performer in Ihrem Bereich zu werden.

Wenn Sie die Dinge, die Sie begeistern, näher erkunden, kann Ihnen dies dabei helfen, Ihren Lebenszweck zu entdecken und Ihren Funken zu finden. Welche Talente und Fähigkeiten können Sie also erforschen?

Die meisten Menschen verstehen jedoch nicht, dass Leidenschaft das Ergebnis von Handlungen ist, nicht die Ursache dafür.

Handeln Sie

„Die Erfahrung ist die Belohnung; Klarheit entsteht durch den Prozess des Erforschens."
– Shannon Kaiser

Sobald Sie wissen, was Ihre Leidenschaft ist, ist es an der Zeit, aktiv zu werden. Nur wenn Sie Dinge, für die Sie eine Leidenschaft haben, ausprobieren, können Sie herausfinden, worin Sie wirklich gut sind.

Wenn Sie den Großteil Ihrer Zeit damit verbringen, darüber nachzudenken, was Ihr Lebenszweck sein soll, dann kann es passieren, dass Sie frustriert werden. Die Suche nach Ihrem Lebenszweck liegt im Tun, nicht im Fragen allein. Kommen Sie in Kontakt mit anderen. Setzen Sie diese Qualitäten, Gaben oder Talente ein, auch unentgeltlich. Probieren Sie neue Dinge aus. Dann werden Sie entdecken, was Sie am meisten lieben. Je mehr Sie Ihre Gaben nutzen, desto mehr werden Sie über sich selbst herausfinden und mit der Zeit werden Ihre angeborenen Fähigkeiten für Sie offensichtlich.

Denken Sie nicht zu viel über Ihren Lebenszweck nach – tun Sie es einfach!

Visualisieren Sie, was Sie wollen

„Visualisierung ist Tagträumen mit einem Ziel."
– Bo Bennett

Ab den frühen 1990er Jahren waren Kameras beliebte Geräte, um Fotos von Familie und Freunden bei Veranstaltungen zu machen. Damals nutzten Filmkameras transparente Filmrollen, um Bilder aufzunehmen, wobei jedes Mal ein typisches „Klick-Klick"-Geräusch ertönte, wenn ein Foto geschossen wurde. Davor mussten Sie die Filmrolle jedoch zunächst in den entsprechenden Schlitz einlegen. Solche Filme wurden von bekannten Marken wie AGFA, Kodak und anderen hergestellt.

Um ein Foto zu machen, mussten Sie in den Sucher schauen, um sicherzustellen, dass sich das Motiv in der Mitte befand. Sie konnten auch hinein- oder herauszoomen, um sicherzustellen, dass Sie das beste Bild schossen. Wenn Sie etwa 36 Aufnahmen gemacht hatten, war es an der Zeit, die Filmrolle herauszunehmen. Sie brachten den Film anschließend ins Labor, wo er in ein Negativ umgewandelt wurde. Das Negativ war eine Filmrolle, mit der Sie einen Unschärfeausdruck der von Ihnen aufgenommenen Bilder erstellen konnten. Anschließend konnten Sie die besten Filmabzüge in scharfe Fotos umwandeln.

Der Weg vom Vorhandensein einer Wunschvorstellung bzw. eines Ziels bis zur Verwirklichung Ihrer Träume sieht diesem Prozess sehr ähnlich.

„Sie können sich nicht auf Ihre Augen verlassen, wenn Ihre Vorstellungswelt unscharf ist."
– Mark Twain

Mit anderen Worten: Visualisierung bedeutet, ein geistiges Bild von den Dingen zu schaffen, die Sie sich wünschen, bzw. von der Stelle, an der Sie im Leben sein wollen. Die Visualisierung ist ein mächtiges Erfolgswerkzeug, das jeder, der ein Top-Performer werden will, beherrschen muss. Alles, was Sie im Leben erreichen wollen, beginnt zunächst als Bild im Kopf.

„Ein Bild sagt mehr als tausend Worte."
– Arthur Brisbane

Um Ihre persönlichen oder beruflichen Ziele zu erreichen, benötigen Sie einen angemessenen Fokus. Am Anfang wird das Bild nicht klar sein und wie ein Negativ in Ihrem Kopf erscheinen. Sobald Sie Ihre Ziele sorgfältig festgelegt haben, genau wie bei der Auswahl des richtigen Films oder der richtigen Belichtung, können Sie auf die Verwirklichung Ihrer Träume hinarbeiten. Jedes Ziel und jedes Bestreben hat seine eigenen Spezifikationen, damit am Ende ein schönes Bild entsteht. Je besser Sie wissen, wie Sie sich konzentrieren, bevor Sie eine Aufnahme machen, desto besser ist das Ergebnis des Fotos. Und je besser das mentale Bild ist, das Sie erstellen, desto größer ist Ihre Chance auf Erfolg.

„Die Visualisierung hilft unserem Gehirn dabei, ein Signal an unseren Körper zu senden, damit dieser damit beginnt, sich in einer Weise zu verhalten, die mit den Bildern in unserem Kopf übereinstimmt."
– Kimberly Hershenson, Therapeutin aus New York City

Jeder Mensch träumt oder erzeugt täglich mentale Bilder im Kopf. Allerdings können nicht alle mentalen Bilder positive Ergebnisse in Ihrem Leben hervorbringen. Manchmal nutzen Menschen die Kraft der Visualisierung, um ein Leben zu erschaffen, das sie nicht wollen. Sie stellen sich die schlimmsten Situationen vor und am Ende entstehen hässliche Bilder.

„Wenn Sie es sich erträumen können, können Sie es auch tun."
– Walt Disney

Der Wert der Visualisierung

- Die Visualisierung erweckt Ihren kreativen Sinn zum Leben. Es wird nicht lange dauern, bis Sie anfangen, kreative Ideen in Bezug auf Ihre Ziele zu haben.
- Die Visualisierung hilft Ihnen dabei, Ihre geistige Energie zu kanalisieren, um die Ressourcen zu identifizieren, die zum Erreichen Ihrer Ziele erforderlich sind.
- Ihr mentales visuelles Bild setzt das Gesetz der Anziehung in Gang. Dieses Gesetz bewirkt, dass die Menschen, Ressourcen und Situationen angezogen werden, die Sie benötigen, um Ihre Ziele in die Realität umzusetzen.
- Visualisierung schafft die innere Kraft bzw. Motivation, um Ihre Träume zu verwirklichen.

Tipps zur Visualisierung und Verwirklichung Ihrer Ziele

Sie sollten genau wissen, was Sie wollen. Formulieren Sie in klaren Worten, was Sie wollen. Was ist Ihnen am wichtigsten? Was ist die Sache, die Ihnen die meiste Freude bereitet? Erstellen Sie eine mentale Blaupause davon, wie Ihr Leben nach Erreichen dieses Ziels aussehen wird.

Beschreiben Sie das Ziel im Detail

Das Geheimnis, um Ihr Ziel genau zu beschreiben, besteht darin, sich selbst die folgende Frage zu stellen: Wenn Sie nichts und niemand aufhalten würde, wie würden Sie dann vorgehen, um Ihr Ziel zu erreichen? Diese Frage kann Ihnen den Prozess zeigen, der nötig ist, um Ihr Ziel zu erreichen. Erstellen Sie ein klares geistiges Bild von den Dingen, die Sie wollen. Sie können den Prozess, der zur Zielerreichung gehört, aufschreiben. Tun Sie beim Schreiben so, als hätten Sie bereits alles, was Sie zur Umsetzung des Ziels benötigen.

Erschaffen Sie eine emotionale Kulisse für Ihr Ziel

Versuchen Sie, sich die Stimmung, Szenen und andere Szenarien vorzustellen, die mit dem Erreichen des Ziels einhergehen werden. Um sich inspirieren zu lassen, erstellen Sie eine Visionstafel mit den entsprechenden Bildern und Zitaten. Schreiben Sie die kurz- und langfristigen Ziele auf, die mit der Vision verbunden sind.

Machen Sie sich an die Arbeit

Beginnen Sie täglich mit kleinen Schritten, um Ihre Ziele zu erreichen. Lassen Sie sich nicht von dem gewaltigen Ausmaß des Ziels abschrecken. Erstellen Sie einen Aktionsplan mit einer Zeitleiste, um die täglichen, wöchentlichen und monatlichen Ziele zu erreichen.

Sprechen Sie Ihre Ziele laut aus

Wenn Sie Ihre Ziele laut aussprechen, kann Ihnen dies ebenfalls dabei helfen, kreative Aktionen anzustoßen. Sie können sich beispielsweise vor den Spiegel stellen, Ihre Ziele laut aussprechen und sie so in Ihr Leben rufen.

Gehen Sie die Sache langfristig an

Verstehen Sie, dass die Visualisierung Ihrer Ziele kein Sprint ist, sondern ein Marathon. Auf dem Weg zu Ihren Zielen werden Sie mit Herausforderungen und Entmutigung durch Freunde und Familienmitglieder konfrontiert werden. Sie müssen jedoch lernen, an Ihrem Ziel festzuhalten, auch wenn es so aussieht, als würde nichts klappen.

> **„Alle erfolgreichen Männer und Frauen sind große Träumer. Sie stellen sich vor, wie ihre Zukunft aussehen könnte, die ideal in jeder Hinsicht ist, und dann arbeiten sie jeden Tag auf ihre ferne Vision hin."**
> **– Brian Tracy**

Schreiben Sie Ihr Ziel auf

Jeder kann einen Traum oder ein geistiges Bild davon haben, was er im Leben erreichen möchte, aber nicht jeder nimmt sich die Zeit, seine Ziele in klaren Worten aufzuschreiben. Das Aufschreiben Ihrer Ziele zeigt Ihnen, wie das Ziel auf Papier aussieht. Auf diese Weise wird es Ihnen leichter fallen, sich neu zu fokussieren bzw. irgendeinen Aspekt anzupassen, der keinen Sinn ergibt.

Wenn es um das Notieren von Zielen geht, gibt es, wie Sie feststellen werden, drei Kategorien von Menschen. Die erste Gruppe von Menschen schreibt ihre Ziele nicht auf. Die zweite Gruppe schreibt ihre Ziele auf, hat jedoch keinen klaren Plan, wie sie diese Ziele erreichen will. Die dritte Gruppe von Menschen schreibt ihre Ziele auf und legt einen klaren Aktionsplan fest, wie sie sie erreichen will. Diese dritte Gruppe von Menschen macht also das, was als SMART-Goals-Methode bezeichnet wird.

Untersuchungen zeigen, dass weniger als 20 % der Menschen ihre Ziele in klaren Worten aufschreiben. Eine Studie besagt zudem, dass diejenigen, die ihre Ziele aufgeschrieben haben, diese mit 1,2 bis 1,4-mal höherer Wahrscheinlichkeit erreichen als andere.

Warum sollten Sie Ihre Ziele niederschreiben?

Sie erhöhen dadurch Ihre Erfolgschancen

Dr. Gail Matthews, Psychologieprofessorin an der Dominican University in Kalifornien, führte eine Studie mit 270 Teilnehmern zum Thema Zielsetzung durch. Die Ergebnisse zeigten, dass Menschen eine um 42 % höhere Chance haben, ihre Ziele zu erreichen, wenn sie sie niederschreiben.

Sie erhalten Klarheit in Bezug auf Ihre Ziele

Das Notieren Ihrer Ziele hilft Ihnen dabei, konkret zu erkennen, was genau Sie wollen. Wenn Sie Ihre Ziele aufschreiben, beginnen

Sie auf natürliche Weise damit, über die Ressourcen nachzudenken, die Sie haben. Zudem überlegen Sie sich Strategien, um diese Ziele zu erreichen. Es reicht jedoch nicht aus, den Satz aufzuschreiben „Ich möchte Millionär sein, wenn ich 30 Jahre alt bin". Sie müssen festlegen, was genau Sie tun werden und wie Sie die Millionen verdienen wollen.

Wenn Sie Ihre Ziele aufschreiben, müssen Sie sicherstellen, dass es SMART-Ziele sind. Wir werden später in diesem Kapitel mehr über SMART-Ziele sprechen.

Sie werden zum Erfolg motiviert

Wenn Sie Ihre Ziele auf Papier niedergeschrieben sehen, dient Ihnen dies als Motivation, um Ihre Ziele zu erreichen. Sie behalten so stets den Überblick, wie weit Sie von Ihrem Ziel entfernt sind. Außerdem können Sie dadurch auch kleinere Erfolge identifizieren und wichtige Meilensteine feiern, wenn Sie Ihre Ziele aufgeschrieben haben.

Sie sparen dadurch Zeit

Wenn Sie ein gut ausformuliertes und klar definiertes Ziel haben, verbringen Sie weniger Zeit mit Rätselraten. Sobald Sie Ihre Ziele aufgeschrieben haben, können Sie das große Ganze besser sehen. Auf diese Weise verschwenden Sie weniger Ressourcen und erreichen ein besseres Zeitmanagement.

Richtlinien für das Notieren Ihrer Ziele

Wenn es also an der Zeit ist, Ihre Ziele aufzuschreiben, was sollten Sie dann tun? Notieren Sie einfach jeden Gedanken, der Ihnen in den Kopf kommt, und beziehen Sie sich dann bei der Verfolgung Ihrer Ziele darauf? Oder gibt es festgelegte Prinzipien, Werte, Bestrebungen oder Strukturen, denen Sie folgen sollten? Hier sind einige beispielhafte Richtlinien, denen Sie folgen sollten:

- Identifizieren Sie Ihre Arbeits- bzw. Lebensziele.

- Schreiben Sie die Ziele unter Verwendung der SMART-Goal-Prinzipien auf.
- Identifizieren Sie die Gründe, warum Sie das jeweilige Ziel erreichen wollen.
- Stellen Sie sicher, dass Sie nicht zu viele Ziele haben. Tatsächlich sollten es weniger als zehn sein.
- Schreiben Sie auf, wie Sie die einzelnen Ziele erreichen wollen.

„Wenn man kein Ziel hat, besteht das Problem darin, dass man sein Leben damit verbringt, auf dem Spielfeld auf und ab zu rennen und niemals ein Tor erzielt."
– Bill Copeland

Um bei der Zielsetzung erfolgreich zu sein, müssen Sie Ihre Ziele stets auf Konsistenz überprüfen. Außerdem hilft Ihnen die Zusammenarbeit mit einem Partner, der Sie in die Pflicht nimmt, dabei, sofort zu erkennen, wenn Sie von Ihren Zielen abgewichen sind.

Erstellen Sie einen Aktionsplan

Wenn Sie Ihre Ziele aufschreiben, ohne einen klaren Plan zu haben, wie Sie sie erreichen wollen, ist das nichts anderes als Wunschdenken. Um mit Ihrer Zielsetzung erfolgreich zu sein, müssen Sie eine klare Reihenfolge aufstellen, wie Sie das Ziel erreichen werden. Ohne eine klare Richtung kann es passieren, dass Sie frustriert werden und von Ihrem Ziel abkommen.

Tipps zum Erstellen eines funktionierenden Aktionsplans

- Teilen Sie die Ziele in kleinere Aufgaben auf.
- Teilen Sie jede Aufgabe in einzelne Schritte auf – tägliche, wöchentliche und monatliche Schritte.
- Legen Sie eine Priorität für das Erreichen jeder Aufgabe fest.
- Erstellen Sie einen Meilenstein zur Bewertung des Erfolgs.

- Erstellen Sie einen Zeitplan für die Erreichung eines jeden Zielaspekts.
- Seien Sie konkret in Bezug darauf, was Sie in jeder Phase des Ziels erreichen wollen.
- Führen Sie regelmäßige Überprüfungen Ihrer Ziele, Zeitpläne und Aufgaben durch, um sicherzustellen, dass Sie auf dem richtigen Weg sind.

„Zielen Sie auf den Mond. Selbst wenn Sie ihn verfehlen, werden Sie bei den Sternen landen."
– Les Brown

Um beim Festlegen von Zielen erfolgreich zu sein, ist konzentriertes Handeln erforderlich. Sie müssen täglich kleine, machbare Schritte unternehmen.

Überprüfen Sie Ihre Ziele

Die meisten Menschen ziehen erst im neuen Jahr Bilanz über ihre Ziele. Sie fassen Neujahrsvorsätze, die sie dann innerhalb von ein oder zwei Wochen wieder aufgeben. Die einzige Möglichkeit, Ihre Ziele nicht aus den Augen zu verlieren, besteht darin, diese regelmäßig zu überprüfen. Das Überprüfen Ihrer Ziele ist wie ein Kompass, der Ihnen als Wegweiser dient. Um die persönliche Effizienz zu steigern, müssen Sie Ihre Ziele häufig überprüfen.

„Wenn Sie nicht wissen, wohin Sie gehen, werden Sie wahrscheinlich irgendwo anders landen."
– Lawrence J. Peters

Warum Sie Ihre Ziele häufig überprüfen müssen

- Sie können die kritischen Schritte in Ihrem Aktionsplan identifizieren und stellen dadurch sicher, dass Sie im Einklang mit Ihrem Gesamtziel sind.
- Wenn Sie Ihre Ziele überprüfen, bleiben sie Ihnen frisch im Gedächtnis und motivieren Sie zu weiteren Maßnahmen.

- Während Sie Ihre Ziele umsetzen, hilft Ihnen eine Überprüfung dabei, zu erkennen, an welcher Stelle nachjustiert werden muss, um effizient zu sein.
- Sie verringern die Wahrscheinlichkeit, bei der Umsetzung Ihrer Ziele vom Kurs abzukommen.
- Sie können schneller und konsequenter handeln.
- Sie eliminieren die Verschwendung von Ressourcen, wenn Sie Ihre Ziele überprüfen. Sie ersparen sich dadurch die Mühe, die falschen Dinge zu tun, und steigern so Ihre persönliche Effizienz.
- Es ist eine großartige Möglichkeit, um Ihre Entschlossenheit zu stärken.

„Das Leben besteht zu 10 % aus den Dingen, die Ihnen passieren, und zu 90 % daraus, wie Sie darauf reagieren."
– Charles R. Swindoll

Wie Sie Ihre Lebensziele effektiv überprüfen

Die Überprüfung Ihrer Ziele wird Ihnen leichter fallen, wenn Sie sie vorher aufgeschrieben haben. Nur ein Mensch ohne ein konkretes Ziel im Leben wird sein Leben leben, ohne sich eine Reihe von Zielen zu setzen. Um jedoch ein Top-Performer in Ihrer Branche zu werden, müssen Sie verstehen, wie Sie Ihre Ziele angehen. Wenn Sie Ihre Ziele bereits nach dem SMART-Prinzip aufgeschrieben haben, dann können Sie Ihre Ziele überprüfen, indem Sie Folgendes tun:

- Wählen Sie jeden Tag eine bestimmte Uhrzeit, um Ihre Wochenziele zu überprüfen. Verpflichten Sie sich dazu, den Key Performance Index täglich im Einklang mit Ihren Zielen zu bewerten. Für manche Menschen sind die frühen Morgenstunden hierfür am besten geeignet. Auf diese Weise können Sie sich gut auf den Tag vorbereiten. Andere Menschen können abends oder kurz vor dem Schlafengehen am besten arbeiten, da sie dann am nächsten Morgen mit einer klaren Vorstellung davon aufwachen, wie ihr Tag aussehen soll. Ich werde Ihnen jedoch im nächsten Kapitel mehr über den 5-A.M.-Club verraten.

- Bewerten Sie Ihre monatlichen Ziele am Ende eines jeden Monats, um zu sehen, wie gut Sie abgeschnitten haben.
- Unterteilen Sie jedes Ihrer Tages-, Wochen- und Monatsziele in drei bis zehn Schritte. Indem Sie Ihre Ziele in kleinere Schritte unterteilen, können Sie sie leichter überprüfen. Diese Vorgehensweise hilft Ihnen ebenfalls dabei, sich mit dem Prozess vertraut zu machen, ohne dass er Ihnen langweilig oder umständlich erscheint. Sie können die Schritte in Ihr Notizbuch, Ihr Handy, Ihren Kalender oder andere Hilfsmittel schreiben, mit denen Sie täglich arbeiten.
- Gehen Sie zu Beginn jeder Woche oder jedes Monats die Aktivitäten der vergangenen Woche durch. Notieren Sie sich die erledigten täglichen, wöchentlichen oder monatlichen Aufgaben. Achten Sie auf solche, die noch in Arbeit sind, und auf Bereiche, in denen etwas schief gelaufen ist. Berücksichtigen Sie ebenfalls mögliche bessere Wege zur Lösung von Problemen.
- Passen Sie Ihre Pläne an und überprüfen Sie die Schritte, die Sie für die kommenden Tage, Wochen und Monate unternehmen müssen.

„Wenn Sie ein Ziel erreichen wollen, müssen Sie das Erreichen dieses Ziels vor Ihrem geistigen Auge sehen."
– Zig Ziglar

SMART-Zielsetzungstechniken

Transparenz bei der Zielsetzung ist ein wichtiger Faktor zur Steigerung Ihrer Effizienz. Außerdem hilft Ihnen eine entsprechende Transparenz dabei, fokussiert zu bleiben. SMART-Ziele gehen über das Schreiben eines Wunschzettels hinaus. Es handelt sich hierbei um eine Möglichkeit, um ein umsetzbares Ziel zu schreiben. Ein SMART-Ziel berücksichtigt die Kosten der Zielerreichung. George T. Doran entwickelte im Jahre 1981 die SMART-Goals-Methode zur Erstellung von Managementzielen und -vorgaben. Zu den Schlüsselelementen eines SMART-Ziels gehören die folgenden:

Spezifisch

Ein SMART-Ziel ist eines, das ausformuliert und identifiziert ist. Es stellt eine klare Aussage über die erwarteten Ergebnisse und die erforderlichen Aktionen zum Erreichen dieser Ergebnisse dar. Wir alle haben täglich eine Menge Dinge um die Ohren, die unsere Aufmerksamkeit erfordern, doch um die persönliche oder berufliche Effizienz zu steigern, müssen wir die Aufgaben identifizieren, die uns schneller zum Ziel führen. Machen Sie deshalb eine Liste mit all Ihren Zielen und wählen Sie dann diejenigen aus, die für das Vorankommen Ihrer Karriere entscheidend sind.

Ist es zum Beispiel wahrscheinlicher, dass Sie jeden Tag 25 Aufgaben oder fünf erledigen? Und wie sieht es mit Ihren wöchentlichen Aufgaben aus? Am besten priorisieren Sie jede Aufgabe und beschränken sich auf 5 Aufgaben, die mit Ihren Zielen übereinstimmen. Diese fünf Aufgaben sollten die wichtigsten sein, um mittel- bis langfristige Ziele zu erreichen.

Messbar

Ein SMART-Ziel ist eines, das gemessen werden kann. Sie sollten eindeutige Möglichkeiten haben, um zu beurteilen, ob Sie Fortschritte in Richtung Ihres Ziels gemacht haben oder nicht. Wenn Sie Ihr Ziel festlegen, dann sollten Sie ebenfalls definieren, wie Sie den Erfolg nachverfolgen werden und welche Parameter Sie analysieren werden, nachdem Sie das Ziel erreicht haben.

Erreichbar (Achievable)

Ein Ziel ist kein Wunschzettel für eine gute Fee, sondern ein Ziel muss etwas sein, für das Sie Ressourcen zusammenstellen können, um es zu erreichen. Ein Beispiel: Eine Person, die nikotinsüchtig ist, kann diese Sucht überwinden. Aber wie? Indem sie sich von Zigaretten fernhält. Diese Person muss zudem Freunde oder Orte meiden, an denen Drogen oder Zigaretten leicht zugänglich sind. Um Ihre Ziele erreichbar zu machen, müssen Sie also die entsprechende Umgebung haben, die Sie bei diesem Ziel unterstützt. Anderes Beispiel: Um die Gewohnheit des Lesens zu kultivieren, können Sie sich eine bestimmte Anzahl von Büchern zum Ziel setzen, die Sie jeden Monat lesen. Dann wählen Sie in einem nächsten Schritt relevante Themen oder Bücher aus. Anschließend können Sie einen Zeitplan für das Erreichen des Ziels festlegen. Zuletzt legen Sie die Auswahl der Bücher für den kommenden Monat auf Ihren Lesetisch, in Ihre Tasche oder dorthin, wo Sie sie leicht erreichen können.

Um ein bestimmtes Ziel erreichbar zu machen, sollte Sie es zu Beginn in kleinere Teile zerlegen, damit Sie nicht überfordert werden. Auch hier gilt, dass Sie die nötigen Werkzeuge haben müssen, um Ihre Ziele zu erreichen. Wenn nicht, müssen Sie einen Weg finden, sich diese Werkzeuge anzueignen, entweder durch eine entsprechende Ausbildung bzw. Schulung oder indem Sie sich von anderen helfen lassen.

Realistisch

Wenn Sie einen Wunsch äußern, dann ist dies völlig in Ordnung, auch wenn es ein vager Wunsch ist. Wenn Sie jedoch Ihre persönlichen oder beruflichen Ziele erreichen wollen, dann muss dieses Ziel realistisch sein. Das heißt, es muss langfristig mit Ihren persönlichen oder beruflichen Zielen übereinstimmen. Außerdem müssen Sie Zugang zu den erforderlichen Ressourcen oder dem Know-how haben, um es zu erreichen.

Zeitgebunden (Time-Bound)

Jedes sinnvolle Ziel muss ein Start- und Enddatum haben. Wenn Sie ein Ziel ohne einen Zeitplan haben, dann wird es schwierig, Ihren Erfolg zu messen. Wenn Sie Ihre Ziele in kleinere Teilziele mit

Fristen für jedes Teilziel aufteilen, werden Sie leichter erkennen können, wenn ein Aspekt nicht dem Plan entspricht.

Das Festlegen spezifischer Zeitlinien gibt Ihnen zudem die Dringlichkeit des Ziels vor. Lesen Sie mehr darüber, wie Sie SMART-Ziele formulieren und suchen Sie sich Vorlagen, die Sie dabei unterstützen.

Zusammenfassung des Kapitels

- Die Entscheidung darüber, was Sie wollen, ist der Schlüssel zur Erreichung Ihrer persönlichen und beruflichen Ziele.
- Wenn Sie die richtigen Gedanken und Überzeugungen haben, kommen Sie besser voran als mit selbstbegrenzenden Überzeugungen.
- Sie sind in der besten Position, sich selbst zu motivieren, um Ihre Ziele im Leben zu erreichen.
- Ihr Lebenszweck dient Ihnen als Kompass, um Ihre Ziele zu erreichen. Ihr Lebenszweck sollte die Entscheidungen und Wahlmöglichkeiten in Ihrem Leben antreiben.
- Eine genaue Art und Weise, Ihren Lebenszweck zu finden, besteht darin, Maßnahmen zu ergreifen.
- Das Erstellen eines geistigen Bildes hilft Ihnen dabei, Ihre Lebensziele klarer und leichter zu erreichen.
- Das Bild, das Sie sich vorstellen, kann oftmals zu Ihrer Realität werden.
- Visuelle Hilfen unterstützen Sie darin, sich zu motivieren, Ihre Ziele zu erreichen.
- Wenn Sie Ihre Ziele aufschreiben, erhöhen Sie die Chancen, diese Ziele schneller zu erreichen.
- Menschen, die ihre Ziele aufschreiben, können sich besser konzentrieren und erreichen ihre Ziele mit größerer Wahrscheinlichkeit.
- Ein schriftliches Ziel muss einen Aktionsplan enthalten, damit Sie es erreichen können.

- Ein Aktionsplan erleichtert es Ihnen, die Parameter Wachstum und Erfolg zu messen.
- Das Überprüfen Ihrer Ziele hilft Ihnen dabei, die richtige Einschätzung vorzunehmen, um Probleme, Misserfolge, Erfolge und Abweichungen zu identifizieren.
- Ein SMART-Ziel ist ein Ziel mit einem erwarteten Ergebnis und der erforderlichen Aktion, um dieses bestimmte Ziel zu erreichen.

Im nächsten Kapitel erfahren Sie, wie Sie Ihren Tag organisieren können, um Ihr Lebensziel leichter zu erreichen. Treten Sie dem „5-A.M.-Club" bei.

KAPITEL ZWEI

Werden Sie Mitglied im 5-A.M.-Club

Jeder von uns hat Gewohnheiten bzw. gewohnheitsmäßige Aktivitäten, denen er nachgeht. Einige dieser Aktivitäten sind gute Gewohnheiten, andere sind negative Gewohnheiten. Wie auch immer, Robin Sharma sagt: „Gewinnen beginnt am Anfang. Und in den ersten Stunden des Tages werden große Helden gemacht. Machen Sie das Beste aus den frühen Morgenstunden und Sie werden Ihr Leben meistern." Wir wissen bereits, dass hochproduktive und erfolgreiche Menschen vor 6 Uhr morgens aufstehen, um ihren Tag zu beginnen. Tim Cook, CEO von Apple, Tim Armstrong, CEO von AOL, der Investor Kevin O'Leary, Ursula Burns, CEO von Xerox, Jack Dorsey, CEO von Twitter und Square sowie Jeff Immelt, CEO von GE, haben alle eines gemeinsam – sie alle stehen zwischen 3:30 Uhr und 6 Uhr auf, um ihren Tag zu beginnen.

Seit fast einem Jahrzehnt stehe auch ich nun schon vor 5 Uhr morgens auf, um meinen Tag zu beginnen. Und das frühe Aufstehen hat einen phänomenalen Einfluss auf meinen Tag und mein gesamtes Leben. Gewohnheiten sind Dinge, die Sie oft tun. Sie brauchen keine Aufforderung, um gewohnheitsmäßige Handlungen auszuführen. Warum ist es wichtig, positive Gewohnheiten zu entwickeln? Jede Gewohnheit kann erlernt werden, egal ob negativ oder positiv. Das Erlernen positiver Gewohnheiten wird einen lebenslangen Einfluss auf Ihre Ziele haben. Darum geht es in Robin Sharmas 5-A.M.-Club. Sie steigen im Leben in dem Maße auf, wie Sie es sich erlauben.

Ich bemerkte, dass ich sehr beschäftigt geworden war und keine Zeit mehr zum Lesen hatte, wusste jedoch, dass Lesen ein wichtiger Teil meines Lebens und ein wichtiges Lernmittel ist. Als ich eine Neubewertung meines Lebensziels vornahm, musste ich mir diese unbequeme Wahrheit eingestehen. Und das ist genau das, was wir alle oft tun müssen: Unsere Ziele neu bewerten. Was ist die eine Tätigkeit bzw. Fähigkeit, die Sie lernen könnten, die sich positiv auf Ihr Leben oder Ihre Finanzen auswirken wird?

Mit Hilfe der 20/20/20-Regel von Robin Sharma fand ich eine Möglichkeit, meine Produktivität zu steigern. Die Regel besagt, dass Sie zwanzig Minuten Bewegung, zwanzig Minuten Planung und zwanzig Minuten Lernen einplanen sollten. Ich plane meinen Tag am Vorabend, bevor ich ins Bett gehe. Diese Methode funktioniert für mich am besten, da ich auf diese Weise mit dem Gefühl aufstehe, alles organisiert zu haben und meine Aktivitäten für den neuen Tag zu kennen. Ich hatte bereits vorher jeden Morgen 30 Minuten Bewegung eingeplant. Außerdem hilft es, den Tag mit Sport zu beginnen, denn wenn ich mich mal einer ersten Aufgabe widme, fängt mein Tag mit Vollgas an, und ich kann abgelenkt sein. Aus diesem Grund habe ich die 20/20/20-Methode für meinen Lernprozess umstrukturiert und sie in eine morgendliche 20/20/20-Routine abgeändert.

Damit mir diese Herausforderung gelang, legte ich die Bücher, die ich morgens lesen wollte, auf meinen Lesetisch. Außerdem sorgte ich dafür, dass mein Wecker eine Stunde früher klingelte, sodass ich um 04:30 Uhr mit meiner neuen Leseroutine beginnen konnte. Am ersten Tag war es nicht so angenehm. Als der Wecker klingelte, drückte ich sofort die Schlummertaste. Doch nach dem zweiten Klingeln des Weckers, also zehn Minuten später, musste ich mich aus dem Bett schleppen, wenn ich Erfolg haben wollte. Es braucht Disziplin und einen festen Entschluss, um ein Ziel zu erreichen.

An Tag 1 war ich ein einziges Chaos, denn ich fühlte mich nutzlos und wollte sofort wieder ins Bett gehen. Ich schaffte es kaum durch den ersten Morgen, da meine Augen schwer waren, mein Körper sich taub anfühlte und ich einfach immer wieder gähnte. Tag 2: Ja, ich stand tatsächlich mit dem ersten Klingeln des Weckers auf. Ich schnappte mir eine Tasse Kaffee und schaffte es in mein Arbeitszimmer. Tag 2 lief nicht viel besser als Tag 1. Ich war müde und versuchte, Materialien für mein Meeting am nächsten Tag vorzubereiten. Im Laufe des Tages hatte ich große Lust, das Experiment zu beenden, doch ich zwang mich dazu, durchzuhalten.

Erst nachdem ich meine üblichen täglichen Überlegungen und Planungen angestellt hatte, bevor ich mich abends zur Ruhe legte, wurde mir klar, was nicht stimmte. Jetzt wachte ich eine Stunde früher auf als sonst und diese eine Stunde fehlte mir bei meiner normalen sechs- bis siebenstündigen Schlafdauer. Da meine neue Aufwachzeit 5 Uhr morgens war, musste ich meine Zubettgehzeit auf 23 Uhr verschieben, um ein Gleichgewicht zu finden. An den meisten Tagen musste ich jedoch bereits um 22:30 oder 23 Uhr ins Bett gehen.

An Tag 3 war ich nicht mehr so müde wie an Tag 1 und 2. Deswegen verbesserte sich die Qualität der Zeit, die ich mit dem Lesen verbrachte. Außerdem konnte ich auf diese Weise mein Ziel schneller erreichen. Das ist die Macht der Gewohnheit. Wenn Sie die gewünschte Verhaltensweise für mindestens 30 bis 40 Tage beibehalten können, wird sich Ihr Körper daran gewöhnen.

Geheimnisse aus Robin Sharmas 5-A.M.-Club

Robin Sharma ist ein bekannter kanadischer Redner, Autor und Erfolgscoach mit indischen und kenianischen Eltern. In seinen frühen Zwanzigern musste sich Sharma mit den Problemen auseinandersetzen, mit denen die meisten Einwanderer mit einer diversen Herkunftsgeschichte konfrontiert sind. Er wollte unbedingt über sich hinauswachsen und war bereit, sich besonders anzustrengen, um erfolgreich zu sein.

Nachdem er sein Jurastudium abgeschlossen hatte und ein erfolgreicher Anwalt geworden war, wollte Sharma mehr vom Leben. Das führte dazu, dass er das Leben anderer erfolgreicher Männer und Frauen studierte, um zu verstehen, wie diese Menschen im Innersten ticken. Die Erfolgsstrategien dieser großen Persönlichkeiten waren die Geburtsstunde von Sharmas Büchern: *Megaliving* aus dem Jahr 1994, *The Monk Who Sold His Ferrari* und sein neuestes Werk *5 A.M. Club*.

Robin Sharmas 5-A.M.-Club

Robin Sharma führte ein einfaches, jedoch diszipliniertes Leben, das auf Erfahrungen und Wissen basierte, welches er über Jahrzehnte hinweg gesammelt hat. Daraus entstand der „5-A.M.-Club". Sharmas persönliche Disziplin, die er in seinen 20ern erlernte, half ihm dabei, seinen Erfolg zu planen und die Fehler zu vermeiden, die so viele Menschen machen. Heute spricht er vor Tausenden von Menschen auf Konferenzen und anderen Veranstaltungen.

Sharma behauptet, dass Sie Ihre persönliche Produktivität steigern können, wenn Sie es sich zur Gewohnheit machen, jeden Morgen um oder vor 5 Uhr aufzustehen und die 20/20/20-Formel umzusetzen. Er nennt dies die „Siegesstunde". Wenn Sie die 20/20/20-Regel im Laufe der Zeit vernünftig befolgen können, werden Sie klüger, agiler und selbstbewusster und erleben einen Kreativitätsschub.

Sharmas „Siegesstunde-20/20/20-Formel"

Um die persönliche Produktivität zu steigern, können Sie Ihre „Siegesstunde" folgendermaßen nutzen:

- Stehen Sie um 5 Uhr morgens auf (Sie können damit beginnen, indem Sie einen klassischen Wecker verwenden).
- Bewegen Sie sich und meditieren Sie 20 Minuten lang.
- Überlegen Sie sich Strategien und planen Sie Ihren Tag 20 Minuten lang.
- Lesen Sie 20 Minuten lang ein Buch bzw. Lesematerial im Internet, um Ihre Fähigkeiten zu verbessern oder um neue Dinge in Ihrem Bereich zu lernen.

Wie das Aufstehen um 5 Uhr morgens Ihre persönliche Produktivität steigern kann

Geistige Wachsamkeit

Wenn Sie früh aufstehen und Teil des 5-A.M.-Clubs werden, erhalten Sie den nötigen Schwung, um in den Tag zu starten. Zu solch frühen Tageszeiten schlafen die meisten Menschen noch; daher sind Sie wahrscheinlich keinen Ablenkungen ausgesetzt. Sie können sich konzentrieren, mit sich selbst im Reinen sein und sich über Ihre Ziele Gedanken machen.

Wenn Sie jeden Morgen Sport treiben, hat dies auch zahlreiche Vorteile für die geistige und körperliche Gesundheit Ihres Körpers. Die Fähigkeit, Ihr Körpergewicht zu kontrollieren, gibt Ihnen das Gefühl, Herr der Lage zu sein. Täglicher Sport macht Sie nicht nur wach, sondern versetzt Sie auch in die richtige Stimmung, um den Tag zu meistern. Ihr Körper setzt beim Sport chemische Botenstoffe frei, die Ihnen dabei helfen, sich zu entspannen, Stress abzubauen und möglicherweise Depressionen zu vermeiden. In Kapitel sieben finden Sie weitere Details zu Gewohnheiten, mit denen Sie Ihre körperliche und geistige Energie steigern können.

Erweiterung Ihrer Wissensbasis

Ich musste feststellen, dass man einen hervorragenden Start in den Tag hat, wenn man die ersten paar Minuten nach dem Aufwachen täglich dem Lesen widmet. Welche Fähigkeiten bzw. welche Kenntnisse müssen Sie erwerben, um Ihre Karriere voranzubringen oder Ihrem persönlichen Ziel näherzukommen?

Wenn Sie jeden Tag mindestens 20 Minuten lesen, kann das Ihr Leben stark beeinflussen. Menschen, die täglich ein paar Minuten lang Bücher lesen, haben eine bessere Chance, in ihrer Branche ein absoluter Experte zu werden.

Lesen verbessert, genau wie Sport, Ihre kognitiven Fähigkeiten. Es steigert Ihre Lernfähigkeit und entwickelt Ihre analytischen Fähigkeiten und Ihr Urteilsvermögen. Es ist ein hervorragendes Mittel, um Ihre Intelligenz sowie Ihre Gehirnleistung zu steigern. Lesen verbessert zudem Ihr Konzentrationsniveau.

Fühlen Sie sich verjüngt und motiviert

Wenn Sie Ihren Tag mit bester Laune beginnen, können Sie kleine Erfolge erzielen, wie z. B. Sport treiben, lesen und vieles mehr. Dieses Gefühl hilft Ihnen dabei, sich den ganzen Tag über für größere Leistungen zu motivieren. Wenn Sie bereits kleine Dinge meistern, bekommen Sie dieses „Ich schaffe das"-Gefühl. Dieses Gefühl steigert wiederum den ganzen Tag über Ihren Optimismus und Ihr Energieniveau und schon bezwingen Sie Probleme, die Ihnen früher als unüberwindbar erschienen.

> *„Motivation ist das, was Sie in Gang bringt, Gewohnheiten sind das, was Sie am Laufen hält."*
> *– Jim Ryun*

Steigerung Ihrer Selbstdisziplin

Selbstdisziplin ist eine der zahlreichen Angewohnheiten von sehr erfolgreichen Menschen. Es ist kein Vergnügen, etwas Bedeutendes in Ihrem persönlichen oder beruflichen Leben zu erreichen. Sie benötigen Hartnäckigkeit, Mut und einen starken Antrieb, um große Dinge zu erreichen. Es erfordert Durchhaltevermögen, im Winter, wenn es kalt ist, früh aufzuwachen. Es braucht Übung und einen starken Willen, um täglich zu lesen. Es erfordert Disziplin, täglich 30 Minuten lang zu trainieren, ohne einen Tag auszulassen oder aufzuhören.

Es ist eine Menge Disziplin erforderlich, um tägliche Aufgaben zu erledigen, die Ihre Karriere oder Ihr persönliches Wachstum voranbringen. Dies zur richtigen Zeit und auf die richtige Weise zu tun, erfordert noch mehr Disziplin. Disziplin erfordert sowohl körperliche als auch geistige Stärke.

„Achte auf deine Gedanken, denn sie werden zu deinen Worten; achte auf deine Worte, denn sie werden zu deinen Handlungen, achte auf deine Handlungen, denn sie werden zu deinen Gewohnheiten, achte auf deine Gewohnheiten, denn sie werden zu deinem Charakter, achte auf deinen Charakter, denn er wird zu deinem Schicksal."
– Unbekannt

10 Rituale am frühen Morgen zur Steigerung Ihrer persönlichen und beruflichen Produktivität

Welche Gewohnheiten oder Eigenschaften können Ihnen dabei helfen, beruflich oder privat erfolgreich zu sein? Sie müssen die notwendigen Fähigkeiten für persönliche Produktivität erlernen. Bevor Sie jedoch ein Top-Performer werden können, habe ich Ihnen hier einige Eigenschaften bzw. Gewohnheiten zusammengestellt, die sehr erfolgreiche Menschen besitzen:

Sie bekommen ausreichenden Schlaf

Laut der National Sleep Foundation benötigt ein Erwachsener täglich sieben bis neun Stunden Schlaf für ein gesundes Leben. Um morgens in der besten Verfassung zu sein, brauchen Sie ausreichend Schlaf. Bei Schlafmangel sinkt Ihre Konzentrationsfähigkeit bei der Arbeit. Um Ihr Optimum zu erreichen, müssen Sie daher zu regelmäßigen Zeiten schlafen.

Die meisten Top-Performer gehen früh ins Bett, damit sie sich energiegeladen fühlen und bereit für die Aufgaben des nächsten Tages sind.

Sie stehen früh auf

Hocheffiziente Menschen haben bestimmte Schlaf- und Aufwachzeiten. Einige von ihnen stehen bereits um 3:45 bis 4 Uhr auf. Andere beginnen ihren Tag um 5 oder 6 Uhr. Anfangs benötigen Sie vielleicht die Hilfe eines Weckers, um früh aus dem Bett zu kommen, aber mit der Zeit wird sich Ihr Körper an diese neue Routine gewöhnen und Sie werden wie automatisch jeden Tag zur gleichen Zeit aufwachen.

Wenn Sie jeden Tag früh aufstehen, haben Sie genügend Zeit, um sich zu bewegen, sich mental zu betätigen, sich geistig weiterzuentwickeln und vieles mehr.

Zeit für Meditation

Hocheffiziente Menschen verstehen die Macht der Selbstreflexion. Meditation bzw. Zeit zum Nachdenken hilft Ihnen dabei, die Nutzung Ihrer Gehirnleistung zu maximieren. Wenn Sie nicht wissen, wie Sie anfangen sollen, kann die Verwendung einer App für die tägliche Meditation Ihnen dabei helfen, eine Meditationsroutine zu etablieren. Tägliche Meditation kann auch Stress reduzieren, Depressionen bekämpfen und Sie darin unterstützen, sich zu entspannen und mit chronischen Schmerzen umzugehen.

Untersuchungen der Wake Forest Baptist University zeigen, dass Meditation Schmerzen um 40 % reduzieren kann. Bei der Einnahme von morphinhaltigen Schmerzmitteln wird dagegen eine Schmerzreduktion von lediglich 25 % erreicht. Laut NPR kann Meditation Stress und Blutdruck reduzieren. Zudem steigern Meditationstechniken unsere Problemlösungsfähigkeiten, unser allgemeines Wohlbefinden, unsere Leistungen im Beruf sowie unsere persönlichen Beziehungen.

Forschungen für das National Institute of Health, die von der U.S. National Library of Medicine veröffentlicht wurden, berichten, dass Meditationstechniken den Verlust der kognitiven Fähigkeiten bei älteren Menschen reduzieren können.

Sie vermeiden Koffein direkt nach dem Aufstehen

Es ist immer verlockend, als Allererstes nach dem Aufwachen eine Tasse Kaffee zu trinken. Und je kälter das Wetter ist, desto größer ist die Versuchung. Sehr erfolgreiche Menschen wissen jedoch, wie wichtig es ist, dem Drang nach einer heißen Tasse Koffein gleich am Morgen zu widerstehen. Der CEO von Twitter und Square, Jack Dorsey, sagt, dass er jeden Tag auf dem Weg ins Büro an einem Coffee Shop anhält, um sich seinen Lieblingskaffee zu holen. Allerdings beginnt er seinen Tag mit Sport und dann mit Meditation, bevor er ins Büro geht.

Wissenschaftliche Erkenntnisse zeigen, dass der frühmorgendliche Konsum von Koffein die energiesteigernden Vorteile blockiert. Daher sollten Sie Ihre erste Tasse Kaffee viel später trinken, zum Beispiel um 9 Uhr morgens.

Sie haben Spaß an Sport

Ich habe bereits angesprochen, wie wichtig Bewegung ist und welche Vorteile sich daraus für Körper und Geist ergeben. Top-Performer in verschiedenen Branchen verstehen genau, wie Bewegung ihnen dabei helfen kann, eine optimale Leistung zu erzielen. Sport hält unseren Körper jung, sorgt für eine schnellere Durchblutung und hält uns geistig fit. Bewegung hilft, den Körper zu verjüngen, lässt das Blut schneller zirkulieren und hält einen geistig wach.

Dabei muss es sich nicht um eine intensive sportliche Aktivität handeln, sondern Sport kann auch Spaß machen und aus leichten Trainingseinheiten wie Schwimmen, Tanzen oder Joggen bestehen. Jede körperliche Aktivität, die Ihr Herz schneller schlagen oder das Blut zirkulieren lässt, ist sehr gut geeignet.

Sie organisieren ihren Zeitplan für den Tag

Einige mächtige Unternehmer beschäftigen persönliche Assistenten, um ihre Zeitpläne zu verwalten, doch sehr erfolgreiche Menschen gehen ihre Zeitpläne auch persönlich durch und organisieren diese selbst. Die Organisation Ihres Zeitplans hilft Ihnen dabei, sicherzustellen, dass Ihr Tag wie geplant und mit weniger Störungen abläuft.

Wenn erfolgreiche Menschen die Aktivitäten des Tages nach Prioritäten ordnen, können sie sie in geordneter Weise abarbeiten. Erfolgreiche Menschen haben eine klare Vorstellung davon, was sie bis zum Ende eines jeden Tages erreichen wollen. Selbst wenn es Rückschläge oder Unterbrechungen gibt, so wird es dennoch einfacher, ihre Fortschritte zu verfolgen.

Sehr erfolgreiche Menschen organisieren ihren Zeitplan so, dass sie ihre produktivste Zeit des Tages ihrer wichtigsten Aufgabe im Einklang mit ihren Zielen widmen können.

Sie ernähren sich gesund

Das Frühstück ist eine der wichtigsten Mahlzeiten des Tages. Und Leistungsträger wissen, wie wichtig das Frühstück für ihre Produktivität ist. Das Frühstück ist die erste Mahlzeit, die Ihr Körper nach einer langen Nachtruhe bekommt und deshalb braucht Ihr Körper diese Mahlzeit als Energiequelle. Sie werden sich viel besser fühlen, wenn Sie richtig frühstücken, um die Aufgaben des Tages zu bewältigen.

Manchmal sind Sie morgens aufgeregt oder haben nicht das Bedürfnis, zu frühstücken. So kann es sein, dass Sie in Versuchung geraten, die erste Mahlzeit des Tages auszulassen. Doch wie Richard Branson, CEO der Virgin Group, sagt, können Sie immer etwas Leichtes essen, um den Tag zu beginnen. Früchte, Vollkornprodukte, Kohlenhydrate, Proteine und weitere leichte Nahrungsmittel eignen sich ideal dazu.

Sie kleiden sich einfach

Sehr erfolgreiche Menschen neigen dazu, weniger Zeit damit zu verbringen, sich zu überlegen, was sie jeden Tag anziehen sollen. Sie investieren ihre Energie lieber in produktivere Dinge, als sich durch Kleidung psychischen Stress zu schaffen. Die meisten Menschen schaffen sich eine Auswahl an einfachen Kleidungsstücken an. Sie tragen auffällige Farben, Turnschuhe oder einfaches Schuhwerk, sowie Outfits, die sich gut miteinander kombinieren lassen. Mit solchen Kombinationen fällt es diesen CEOs und vielbeschäftigten Führungskräften leicht, ihre Kleidung täglich auszuwählen. Facebook-CEO Mark Zuckerberg zum Beispiel erzählte dem Independent, dass er eine bestimmte Auswahl an Kleidungsstücken trägt, was seine Garderobe stark vereinfacht. Auf diese Weise kann er sich seine geistige Energie für seine täglichen Arbeitsaufgaben bewahren.

Mark ist bekannt für seine Jeans, sein graues T-Shirt und sein Sweatshirt. Auch andere Tech-Milliardäre tragen einfache Kleidung. Steve Jobs trug oft einen Rollkragenpullover und schwarze Jeans. Snap-CEO Evan Spiegel trägt ein weißes T-Shirt mit V-Ausschnitt, schwarze Jeans und weiße Turnschuhe. Sundar Pichai, Google-CEO, bevorzugt eine einfache Trainingsjacke, Jeans und Turnschuhe, Jack Dorsey trägt eine normale Jeans, ein schwarzes Rundhals-T-Shirt und Turnschuhe. Smart auszusehen muss nicht viel kosten oder alle Zeit der Welt in Anspruch nehmen. Tragen Sie jedoch angemessene Kleidung und erscheinen Sie smart, um Ihr Selbstvertrauen zu stärken.

Sie erschaffen ein Arbeitsmuster

Wie man die Aufgaben des Tages am besten angeht, bleibt ein Thema, zu dem verschiedene Menschen unterschiedliche Meinungen haben. Während manche Menschen den Tag damit beginnen, kleinere Aufgaben wie das Lesen von E-Mails, Briefen usw. zu erledigen, beginnen andere mit den anspruchsvollsten Projekten und arbeiten sich dann zu den kleineren Aufgaben vor. Welche Strategie auch immer für Sie persönlich funktioniert, stellen Sie sicher, dass die erste Stunde der Arbeit eine produktive Stunde ist.

Nachdem ich die Aufgaben für den Tag priorisiert habe, beginne ich meinen Arbeitsplan mit kleineren Aufgaben, deren Erledigung nicht so viel Zeit in Anspruch nimmt. Diese Aufgaben können sich jedoch auf mein Tagesergebnis auswirken. Aktivitäten wie das Überprüfen meiner E-Mails, Briefe, anderer Nachrichten und vieles mehr kommen in der Regel auf, wenn ich die Elemente sortiere, die ich brauche, um mit der Arbeit zu beginnen. Sobald ich die benötigten Dokumente und Werkzeuge auf meinem Tisch habe, starte ich mit den wichtigeren Aufgaben des Tages.

Die wichtigeren Aufgaben können weitere 3 bis 5 Stunden oder mehr in Anspruch nehmen, bis sie von meinem Tisch verschwunden sind. Während der Arbeitszeit lese und beantworte ich nur arbeitsbezogene E-Mails zu einer bestimmten Zeit. In den Pausen nehme ich mir jedoch Zeit, um E-Mails und Social-Media-Feeds zu checken, wenn ich mich für ein paar Minuten von der Arbeit ablenken möchte.

Multitasking

Obwohl die Forschung zeigt, dass Multitasking die Effizienz bei der Arbeit verringert, nutzen erfolgreiche Menschen Multitasking bei ihren täglichen Aufgaben. Die New York Times berichtet zum Beispiel, dass Microsoft-Gründer Bill Gates beim Sport DVDs anschaut, um sich weiterzubilden. Für mich persönlich ist die Toilette ein hervorragender Ort zum Nachdenken oder Lesen. Hier kann ich mich entspannen, über vergangene Aktivitäten nachdenken und mir fallen tolle Ideen ein, wie ich manche Lebensprobleme lösen kann. Ich entleere nicht nur meinen Darm, sondern gewinne neue Einsichten für eine anstehende Aufgabe.

Tipps, um das Beste aus Sharmas 5-A.M.-Club herauszuholen

- Um nachts ausreichend Schlaf zu bekommen, sollten Sie versuchen, alle Ihre technischen Geräte, wie Telefone und Tablets, auszuschalten. Ich weiß, dass dies für einige von Ihnen schwierig sein kann, doch es ist wichtig, dass Sie weniger Ablenkungen haben. Facebook-COO Sheryl Sandberg sagt, dass das Ausschalten Ihrer elektronischen Geräte in der Nacht eine hervorragende Möglichkeit ist, um sich auszuruhen und Ablenkungen zu vermeiden.

- Versuchen Sie aktiv, sich vor dem Schlafengehen angemessen zu entspannen, damit Sie leicht einschlafen können. Vermeiden Sie zum Beispiel schwere Mahlzeiten ein oder zwei Stunden vor dem Schlafengehen.

- Es hilft, wenn Sie die richtige Umgebung und Beleuchtung haben, um nachts gut zu schlafen. Vermeiden Sie daher zu viel Licht in Ihrem Zimmer, indem Sie alle hellen Lichter ausschalten. Wenn Sie das Licht anlassen müssen, dann entscheiden Sie sich für farbiges oder warmes Licht.

- Wenn das frühe Aufstehen für Sie neu ist, gehen Sie es bitte langsam an. Versuchen Sie, 15-30 Minuten früher als gewöhnlich aufzustehen. Nach drei Tagen können Sie Ihre Aufwachzeit 45-60 Minuten vorziehen, um das Ziel von 5 Uhr morgens zu erreichen. Diese Strategie wird dazu beitragen, die anfängliche Belastung für Ihren Körper zu reduzieren.

- Bemühen Sie sich, eine Routine mit Übungen beizubehalten. Anstelle von schweren Trainingseinheiten von einer Stunde oder mehr pro Tag, sollten Sie leichte Trainingseinheiten von ca. 30 Minuten täglich machen. Das Ziel besteht nicht darin, sich zu verausgaben, sondern sich zu bewegen und Spaß an der Bewegung zu haben.

- Nehmen Sie sich die Freiheit, die Kleidung zu tragen, die Sie möchten, wenn es die Kultur Ihres Unternehmens erlaubt.

- Wenn Ihr Arbeitsalltag erst viel später beginnt, ist der 8-A.M.-Club vielleicht besser für Sie geeignet als der 5-A.M.-Club. Halten Sie sich an die Dinge, die Ihnen dabei helfen, Ihre persönliche Produktivität zu steigern, indem Sie die 20/20/20-Formel von Sharma anwenden.

Wenn Sie dem 5-A.M.-Club beitreten, haben Sie die Zeit, Ihren Tag selbst in die Hand zu nehmen. Sie haben reichlich Zeit, um über verschiedene Themen nachzudenken und die Kraft der Vorstellungskraft zu nutzen, um Ihren Tag zu gestalten oder zu visualisieren. Sie können mehr Zeit damit verbringen, die Dinge zu lernen oder zu recherchieren, die Sie zur Verwirklichung Ihrer Ziele benötigen. Auf diese Weise haben Sie mehr Energie und können mehr erreichen.

Zusammenfassung des Kapitels

In diesem Kapitel haben wir uns angeschaut, wie sich die frühen Morgenstunden auf Ihre persönliche Produktivität auswirken können. Dazu haben wir den 5-A.M.-Club von Robin Sharma als Prototyp verwendet, um Ihnen bei Ihrer Leistungssteigerung zu helfen. Zu den Erkenntnissen aus diesem Kapitel gehören die folgenden:

- Sehr erfolgreiche Menschen verfügen über Arbeitsgewohnheiten, die ihnen helfen, sich selbst zu übertreffen.
- Robin Sharmas 5-A.M.-Club zeigt Ihnen auf, was Sie in der ersten Stunde nach dem Aufwachen tun sollten.
- Planen Sie Ihre Tage jeden Morgen mit Sharmas 20/20/20-Formel: Machen Sie die ersten zwanzig Minuten Sport, planen Sie Ihren Tag weitere zwanzig Minuten lang und lernen Sie die letzten zwanzig Minuten.
- Diese eine Stunde am Morgen ermöglicht es Ihnen, neue Fähigkeiten zu erlernen, Ihre beruflichen Fähigkeiten zu verbessern und Ihre persönliche Produktivität zu steigern.
- Um als Mitglied des 5-A.M.-Clubs Erfolge zu erzielen, müssen Sie Ihre Schlaf- und Wachzeiten ausgleichen. Achten Sie darauf, dass Sie ausreichend schlafen, da Sie ausgeruht sein müssen, um Ihre Ziele zu erreichen. Passen Sie Ihre Zubettgehzeit an, um das frühe Aufstehen auszugleichen.
- Wenn Sie recht früh aufstehen, um Ihren Tag zu beginnen, erhöht sich Ihre geistige Klarheit.
- Der 5-A.M.-Club lehrt Sie, jeden Tag so diszipliniert zu gestalten, wie es sehr erfolgreiche Menschen tun.
- Meditation sollte ein integraler Bestandteil Ihres Lebens- und Arbeitsplans sein, da Meditationstechniken dazu beitragen, Ihr Leben zu optimieren und es auf den Fortschritt auszurichten.

Im nächsten Kapitel werden wir uns ansehen, wie Sie ein persönliches Kanban erstellen, das Ihnen dabei hilft, Aufgaben effizient
zu priorisieren und zu organisieren.

45

Erstellen Sie Ihr persönliches Kanban, um Aufgaben zu priorisieren und zu organisieren

Das Leben kann manchmal komplizierter werden, als Sie es sich wünschen. Die Betreuung von Kunden, Ihr stressiger 9-bis-5-Job, zuhause stapeln sich die Rechnungen ... All diese Dinge können unser Leben recht hektisch machen. Wir alle versuchen, Antworten darauf zu finden, wie wir unsere Prioritäten organisieren oder wie viele Aufgaben wir pro Tag oder Woche erledigen können. Wir kämpfen damit, um welche Aufgaben wir uns zuerst kümmern und welche anderen Aufgaben wir delegieren sollen.

Egal, ob es sich um eine kleine, mittlere oder große Organisation handelt, die richtige Priorisierung wird immer ein veritables Werkzeug für den Erfolg bleiben. Um Ihre persönliche Produktivität bei der Arbeit, in der Wissenschaft oder in persönlichen Beziehungen zu erreichen, müssen Sie dazu in der Lage sein, Aufgaben effektiv zu organisieren. Genau deshalb müssen Sie verstehen, wie Sie ein persönliches Kanban für Ihre persönlichen und beruflichen Ziele erstellen können.

Worum geht es bei Ihrem persönlichen Kanban?

„Personal Kanban" ist ein Modell, das von Jim Benson und Tonianne DeMaria Barry entwickelt wurde. Kanban wird häufig von IT-Experten im Bereich der agilen Softwareentwicklung verwendet, um wichtige Aufgaben zu priorisieren und die Zeitdauer zu maximieren. Es handelt sich dabei um eine verkürzte und einfach zu nutzende Version der Kanban-Methode, die dazu dient, Ihre Produktivität zu verbessern. Mit Hilfe des persönlichen Kanban kann jeder, egal ob Berufstätige oder Studenten, effizienter werden. Jim Bensons Konzept von Personal Kanban besteht darin, Ihr Leben zu vereinfachen und Ihnen die Mühen des Alltags abzunehmen. Wenn Sie versuchen, sich zu viel aufzubürden, dann kann dies katastrophale Folgen haben. Ein einzelner Mensch kann eben nur eine bestimmte Menge allein bewältigen. Daher werden viele Aufgaben stiefmütterlich behandelt oder zu lange liegen gelassen.

Jim und Toniannes Kanban-Ansatz zeigt Ihnen, wie Sie Ihre Aufgaben priorisieren können, indem Sie sie als *abgeschlossen* oder *fertig* in das System eintragen. Auf diese Weise ist es einfacher, die Aufgaben zu bestimmen, die tatsächlich höhere Priorität haben. Mit Ihrem persönlichem Kanban können Sie am Ende jeder Woche Ihren Arbeitsfortschritt verfolgen und die erledigten und sowie die noch ausstehenden Aufgaben identifizieren.

Die persönliche Kanban-Methode beinhaltet eine einfache Visualisierung all Ihrer Aufgaben unter Verwendung eines Whiteboards (oder von Post-It-Notizen), um Ihre Fortschritte darzustellen. Sie haben die Möglichkeit, eine Struktur für Ihre Aufgaben zu erstellen, indem Sie drei Spalten auf dem Whiteboard anlegen. Jede Spalte deckt eine bestimmte Aufgabenkategorie ab: *abgeschlossen* (also fertig), *in Bearbeitung* und *erledigt*.

Um die Kontrolle über Ihr Leben zu übernehmen, ist das persönliche Kanban ein mächtiges Werkzeug. Außerdem funktioniert ein persönliches Kanban für jede Art von Verantwortungsbereich und Zielsetzungsbedarf, um Ihren Arbeitsablauf zu verbessern.

Warum Sie Aufgaben priorisieren sollten

Bei der Priorisierung geht es darum, zu entscheiden, welche Aktivität für Ihr Ziel am wichtigsten ist, sodass Sie sich dieser zuerst widmen können. Im Grunde genommen handelt es sich also hierbei um den Prozess der Einteilung von Aufgaben anhand ihrer Relevanz für Ihre täglichen Ziele bzw. Zielsetzungen.

Mehr Gegenwert für Ihre Zeit

Zeit ist eine begrenzte Ressource, die jedem gleichermaßen zur Verfügung steht: 24 Stunden am Tag, sieben Tage die Woche und 365 Tage im Jahr. Manchmal verbringen Menschen ihre Zeit mit weniger wertvollen Dingen. Nicht, dass diese Dinge nicht wichtig wären, aber diese weniger hilfreichen Dinge bringen vielleicht nicht so viel Wert für Ihr Endergebnis.

Um Ihre Produktivität zu steigern, müssen Sie mehr Zeit mit Dingen verbringen, die nicht nur wichtig, sondern auch dringend sind. Wenn Sie lernen, Ihre Zeit mit Hilfe des Kanban-Modells zu priorisieren, werden Sie mehr Nutzen aus der Zeit ziehen, die Sie mit Ihrer Arbeit verbringen.

Bessere Organisation und Fokus

Anstatt Dinge wahllos zu tun, erledigen Sie nun mehrere Dinge auf einmal, allerdings auf eine bessere Art und Weise. Die persönliche Kanban-Methode lehrt uns, die richtigen Aufgaben zur richtigen Zeit zu erledigen. Mit Hilfe einer To-Do-Liste oder einem gut durchdachten Kanban-Plan können Sie Ihre persönlichen und beruflichen Ziele organisieren. Dies wird Ihnen dabei helfen, Ihre wöchentlichen und monatlichen Ziele in kleinere tägliche Aufgaben herunterzubrechen.

Sobald Sie diese Struktur erreicht haben, können Sie sich besser auf das Erreichen Ihrer Ziele konzentrieren.

Steigerung von Produktivität und Rentabilität

Mit Ihrem persönlichen Kanban sollten Sie eine Verbesserung Ihrer Produktivität erfahren. Eine erhöhte Produktivität führt zu mehr Gewinn. Und wenn Sie qualitativ hochwertige Zeit auf die Dinge verwenden, die in Ihrer Karriere ein besseres Ergebnis erzielen, führt dies natürlich auch zu mehr Erfolg.

Die Grundprinzipien des persönlichen Kanbans

Das persönliche Kanban lebt von zwei Grundprinzipien, die da wären:

- Visualisierung Ihrer Arbeit.
- Begrenzung Ihres Arbeitsfortschritts.

Visualisierung Ihrer Arbeit

Die Visualisierung Ihrer Arbeit ist eine hervorragende Möglichkeit, um Konzepte oder andere hektische, arbeitsbezogene Aktivitäten in einfache Handlungen umzusetzen. Forschungen legten nahe, dass das menschliche Gehirn auf Bilder oder visuelle Darstellungen um mindestens 90 % schneller und besser reagiert als auf Worte. Außerdem kann der menschliche Verstand Bilder 60.000-mal schneller verarbeiten als Text. Daher funktioniert Kanban auf natürliche Weise als visuelle Aufgabenplanungsplattform. Es hilft Ihnen dabei, Ihre Aufgaben zu visualisieren und den Prozess der Aufgabenumsetzung zu vereinfachen.

Beschränkung Ihres Arbeitsfortschritts

Wir Menschen versuchen manchmal, uns wie Übermenschen zu verhalten und mehr zu tun, als wir eigentlich können. Wir übernehmen mehrere Aufgaben gleichzeitig und am Ende verrichten wir Arbeit von minderer Qualität. Neuere Forschungsergebnisse bestätigen, dass das menschliche Gehirn nicht dazu in der Lage ist, mehrere Aufgaben erfolgreich und optimal auszuführen. Daher werden Sie feststellen, dass Sie einige Aufgaben besser erledigen, während andere schlecht ausfallen.

Wenn Sie Ihren Arbeitsfortschritt begrenzen, bedeutet das nicht, dass Sie sich selbst die Möglichkeit verwehren, mehr zu tun. Die Begrenzung Ihres Arbeitsfortschritts erleichtert es Ihnen, sich auf bestimmte Aufgaben zu konzentrieren und diese bis zum Ende durchzuziehen. Die Begrenzung Ihres Arbeitsfortschritts erfordert, dass Sie Aufgaben übernehmen, die Sie im Laufe der Zeit erledigen und komplett abschließen können. Auf diese Weise haben Sie nicht mehr das Problem, an mehreren unfertigen Projekten gleichzeitig zu arbeiten, was nur zu Frust führt.

Die Begrenzung des Arbeitsfortschritts hilft Ihnen dabei, Ihrer Zeit mehr Wert beizumessen, indem Sie jeder Aufgabe, die vor Ihnen liegt, Priorität einräumen. Sie lernen, Aufgaben zu priorisieren und die jeweils wichtigste Aufgabe zu identifizieren.

Das persönliche Kanban-Mantra ermutigt Sie, eine Aufgabe zu beginnen und diese auch zu beenden, bevor Sie mit der nächsten fortfahren. Ihre Produktivität wird sich deutlich verbessern, wenn Sie nicht mehrere Projekte gleichzeitig bearbeiten (Multitasking).

Es ist nicht hilfreich, wenn Sie jede Aufgabe selbst erledigen müssen. Weitere Strategien, um mehr zu erledigen, sind daher das Delegieren bzw. Auslagern von Aufgaben, anstatt zu versuchen, alles selbst zu machen. Wenn Sie das erste Mal Ihren persönlichen Kanban-Plan aufstellen, dann werden Sie sich wahrscheinlich ein wenig unbeholfen fühlen. Meistens fühlt es sich so an, als würde Ihr Leben von außen kontrolliert werden. Wenn Sie ein Mensch sind, der persönliche Befriedigung daraus zieht, mehrere Aktivitäten gleichzeitig zu jonglieren, dann wird es sich zunächst so anfühlen, als ob Sie zu wenig leisten würden. Doch der Eindruck, dass Sie weniger Arbeit erledigen, ist nicht richtig. Sobald Sie sich erlauben, innerhalb der WIP-Grenzen (Work-In-Process) zu leben, werden Sie feststellen, dass Sie mit der Zeit viel mehr erreichen werden. Die Ergebnisse werden von außergewöhnlicher Qualität sein und besser zu Ihren unternehmerischen und persönlichen Zielen passen. Sogar Ihre Kunden und Ihre Familie werden die Verbesserung bemerken.

Negative Folgen von Multitasking

Ich war schon einmal ein Opfer des Versuchs, mehrere verschiedene Aktivitäten gleichzeitig mit Hilfe von Multitasking zu erledigen. Als ich meine Beraterkarriere begann, versuchte ich, die Entwicklung eines Geschäftsplans, einer Seminararbeit sowie die Koordination einer gesellschaftlichen Veranstaltung zu jonglieren. Die ganze Zeit über musste ich Anrufe tätigen, E-Mails versenden und versuchen, weitere Fakten für meinen Businessplan zu sammeln. Ich musste gleichzeitig auch Anrufe bei Caterern, Medienteams, Event-Dekorateuren und mehr machen, damit die Veranstaltung reibungslos ablaufen konnte. Das Ganze endete in einem Fiasko, da ich einige wichtige Aspekte der Veranstaltung vergaß. Lediglich ein paar kosmetische Maßnahmen in allerletzten Minute retteten die Veranstaltung. Was meinen Businessplan anbelangt, so konnte dieser nicht zum richtigen Zeitpunkt präsentiert werden. Und das ist der Grund, warum Sie Ihren Arbeitsfortschritt mit dem persönlichen Kanban-Board begrenzen müssen. Einige der negativen Auswirkungen von Multitasking sind die folgenden:

Multitasking senkt Ihren IQ

Untersuchungen der University of London zeigen, dass Multitasking Ihren IQ um mindestens 17 % senkt. Der Effekt von Multitasking lässt sich mit dem einer Person vergleichen, die Marihuana geraucht oder eine schlaflose Nacht hatte. Eine solche Person kann sich am Ende weniger Details aus den Multitasking-Einheiten merken.

Multitasking reduziert die Leistungsfähigkeit Ihres Gehirns

Die American Psychological Association veröffentlichte im Journal of Experimental Psychology einen Artikel über Multitasking. Darin wird darauf hingewiesen, dass Multitasking die Fähigkeit des Gehirns, Dinge schnell zu verarbeiten, reduziert. Mehrere Aufgaben zu verarbeiten bedeutet, dass das Gehirn von einem Thema auf ein anderes umschalten muss, und das braucht Zeit. Das Gehirn muss die Umschaltung vornehmen, indem es eine kognitive Regel zugunsten eines anderen Ziels ausschaltet.

Außerdem legen Forschungen der University of Sussex nahe, dass Multitasking die Gehirnleistung beeinträchtigen kann.

Wie Sie Ihr persönliches Kanban-Board verwenden

Ihr persönliches Kanban-Board besteht aus drei verschiedenen Spalten, die Ihnen dabei helfen, Ihre Aufgaben zu priorisieren. Die drei Spalten enthalten die Abschnitte „Zu erledigen", „In Bearbeitung" und „Erledigt". Der Abschnitt „Zu erledigen" wird auch als „Option" bezeichnet.

Spalte 1: Zu erledigen bzw. Option

Schreiben Sie in Spalte eins jedes Ziel oder jede Aufgabe auf, die Sie zu erledigen gedenken. Hier gibt es zwei Strategien, die Sie anwenden können. Schreiben Sie drei bis fünf Ihrer wichtigsten Aufgaben in die Spalte. Die zweite Strategie besteht darin, dass Sie alle Aufgaben aufschreiben, die Sie ausführen wollen, egal wie viele. Wenn es Zeit für die Umsetzung ist, entscheiden Sie, welche Aufgaben in die nächste Spalte wandern sollen.

Dinge, die in Spalte eins aufgenommen werden sollen, können aus Arbeits- und persönlichen Zielen bestehen. Zu den beruflichen Aufgaben gehören z. B. das Treffen mit Lieferanten bis Montag um 10 Uhr, die Abgabe eines Angebots an einen bestimmten Kunden bis Mittag, das Bezahlen von Versicherungen, das Verfassen von Briefen an potenzielle Kunden, das Beantworten von E-Mails und Anfragen usw. Für persönliche Aufgaben können Sie z. B. vorsehen, dass Sie bis Mittwoch um 14 Uhr Ihren Arzt aufsuchen, jeden Abend mit Ihrem Hund spazieren gehen, am Freitag bis 10 Uhr an der Abschlussfeier Ihrer Kinder teilnehmen usw.

Mit diesem Gedanken im Hinterkopf können Sie einen individuellen Plan für Ihre „To Do"-Spalte erstellen, der Aufgaben am Arbeitsplatz und persönliche Aufgaben abdeckt. Persönliche Aufgaben können spirituelle, finanzielle, gesundheitliche, erzieherische oder soziale Ziele umfassen. Konzentrieren Sie sich bei der Auswahl der zu erledigenden Aufgaben auf diejenigen, die Sie schneller in Richtung Ihrer langfristigen Ziele bringen. Wenn Sie sich an die persönliche Kanban-Tafel halten, werden Sie sich auf die wichtigsten Aufgaben konzentrieren, anstatt auf die, die am dringendsten erledigt werden müssen.

Spalte 2: In Bearbeitung bzw. in Arbeit

Jede Aufgabe sollte bereits eine Zeitleiste für die Ausführung haben. Sobald es an der Zeit ist, eine bestimmte Aufgabe auszuführen, übertragen Sie diese Aufgabe von der Spalte „Zu erledigen" in die Spalte „In Bearbeitung". Wenn Sie einen Punkt unter Ihren persönlichen Zielen, wie z. B. einen Arztbesuch, erledigen wollen, verschieben Sie ihn in die Spalte „In Bearbeitung" in Spalte zwei. Vermeiden Sie jedoch, zu viele Punkte in die Spalte „In Bearbeitung" zu verschieben, um sich nicht zu überfordern. Wenn Sie das Gefühl haben, dass Sie mehr zu tun haben, als Sie bewältigen können, können Sie einige Punkte wieder zurück in die Spalte „Zu erledigen" verschieben. Es ist besser, zunächst eine kleinere Menge von Aufgaben unter Spalte zwei zu erledigen, bevor Sie mehr aus Spalte eins übertragen.

Zuvor müssen Sie jedoch ein sogenanntes WIP-Limit (Work-In-Progress) einrichten. Das WIP-Limit ist die maximal erlaubte Menge an Aufgaben, die Sie pro Zeiteinheit abarbeiten sollten. Diese Aufgaben sollten in die zweite Spalte „In Bearbeitung" wandern. So zwingen Sie sich bewusst dazu, Ihre gesamte Energie auf die Erledigung nur dieser Aufgaben zu konzentrieren.

Und in den meisten Fällen sind diese Aufgaben die Dinge, die Sie erfolgreich erledigen können. Denken Sie daran: Legen Sie Standard-WIP-Limits fest und halten Sie sich immer daran.

Spalte 3: Erledigt

Nur eine abgeschlossene Aufgabe sollte in die Spalte „Erledigt" bzw. „Fertig" aufgenommen werden. Manche Aufgaben erfordern jedoch eine Nachbereitung. Dann müssen Sie die Aufgabe wieder in Spalte eins „Zu erledigen" einfügen. Wenn Sie z. B. diese Woche beim Arzt waren, sollte diese Aufgabe in die Spalte „Erledigt" wandern, aber wenn Sie einen weiteren Termin beim Arzt an einem neuen Datum haben, dann muss diese Aufgabe wieder in die Spalte „Zu erledigen" kommen.

Jedes Mal, wenn eine Aufgabe erfolgreich von Spalte eins „Zu erledigen" in Spalte drei „Erledigt" übergeht, ruft dies ein Gefühl der Erfüllung hervor. Dieses Gefühl inspiriert Sie dazu, weitere Aufgaben zu erledigen. Wenn Sie diesem Prozess auf der Kanban-Tafel folgen, werden Sie das Gesamtbild der Situation klarer und deutlicher sehen. Mit der Zeit werden Sie eine Steigerung Ihrer Produktivität feststellen und Ihre Leidenschaft, mehr zu erledigen, wird stärker werden.

Wie Sie Ihr persönliches Kanban-Board erstellen

Sie können Ihre persönliche Kanban-Tafel problemlos selbst erstellen. Sie benötigen dazu lediglich ein Whiteboard und Post-Its. Eine weitere Möglichkeit besteht darin, eine Microsoft Excel-Tabelle oder ein Word-Dokument zu erstellen, das die erforderlichen Spalten und Zeilen enthält. Erstellen Sie eine Seite mit Ihrer bevorzugten Option mit den drei Spalten: „Zu erledigen", „In Bearbeitung" und „Erledigt".

Neben der Verwendung eines Whiteboards können Sie auch Online-Task-Management-Tools wie das kostenlose Trello-Tool oder Asana verwenden. Mit diesen Tools können Sie ebenfalls Aufgaben erstellen und diese priorisieren.

Richtlinien für die Verwendung Ihres persönlichen Kanban-Boards

- Vermeiden Sie eine Überfüllung der Spalte eins „Zu erledigen". Wenn dies jedoch aufgrund der Menge der anstehenden Aufgaben notwendig wird, dann nehmen Sie die Aufgaben auf jeden Fall auf.
- Erstellen Sie einen konkreten Zeitplan für die Erledigung jeder dieser Aufgaben, damit Sie wissen, wann Sie sie in Spalte zwei verschieben können.
- Stellen Sie sicher, dass Sie eine Präferenzskala anlegen, indem Sie die wichtigste Aufgabe an den Anfang Ihrer „Zu erledigen"-Spalte stellen.
- Es ist ebenfalls möglich, eine zusätzliche Spalte zwischen den Spalten eins und zwei zu haben. Nennen Sie diese Spalte „Priorisierte Aufgaben" oder „Spalte 1A". Wenn Sie zu viele Aufgaben in Spalte eins haben, verschieben Sie die wichtigsten Aufgaben in „Priorisierte Aufgaben". Sie können Aufgaben intermittierend in Spalte 1A verschieben, bevor sie in das Stadium "In Bearbeitung" gelangen.
- Überprüfen und aktualisieren Sie Ihr Kanban-Board regelmäßig. In Übereinstimmung mit Ihrem Ziel sollte das Kanban-Board täglich oder wöchentlich überprüft werden, um Unstimmigkeiten festzustellen oder um Aktivitäten zu aktualisieren.
- Wenn Sie die Aufgaben nicht mehr bewältigen können, dann müssen Sie lernen, einige Aufgaben auszulagern bzw. zu delegieren.

Einfache Tipps zur Priorisierung von Aufgaben

- Schreiben Sie alle Ihre Aufgaben an einem einzigen Ort auf (auf dem persönlichen Kanban-Board).
- Organisieren oder priorisieren Sie Ihre Aufgaben. Um Ihre Aufgaben effektiv zu priorisieren, bevor Sie sie auf das persönliche Kanban-Board schreiben, können Sie sie in die folgenden Kategorien einteilen:

Erledigen – Aufgaben, die dringend erledigt werden müssen.

Aufschieben – Aufgaben, die später erledigt werden sollten.

Delegieren – Aufgaben, die Sie von anderen Personen erledigen lassen oder auslagern möchten.

Streichen – Aufgaben, die vielleicht keinen großen Nutzen bieten oder zu lange auf der Liste geblieben sind.

Die Eisenhower-Matrix kann Ihnen dabei helfen, zu bestimmen, was auf Ihrer To-Do-Liste stehen sollte.

- Treffen Sie die Entscheidung, ob Sie die Aufgaben für jeden Tag am Vorabend oder früh am Morgen planen. Wenn Sie die Aufgaben des jeweiligen Tages am Abend überarbeiten, dann ist es praktisch, auch gleich die Aufgaben für den nächsten Tag zu planen.
- Seien Sie proaktiv, wenn es darum geht, wie Sie die Aufgaben eines jeden Tages erledigen. Nehmen Sie das Steuer in die Hand, indem Sie nicht nur auf Aktivitäten reagieren, sondern selbst bestimmen, wie die Aufgaben des jeweiligen Tages ablaufen sollen.
- Schaffen Sie freie Zeit für Familie, Freunde und andere nicht arbeitsbezogene Aktivitäten. Entspannung und Geselligkeit können Sie in einen besseren Gemütszustand versetzen. Auf diese Weise können Sie mehr Aufgaben produktiv erledigen.

- Seien Sie flexibel. Unerledigte Aufgaben können in das persönliche Kanban-Board für einen anderen Tag verschoben werden.
- Schenken Sie denjenigen Aufgaben mehr Aufmerksamkeit, die mehr Einfluss auf Ihre langfristigen Ziele haben. Konzentrieren Sie sich auf die Aufgaben, die Ihnen mehr Ergebnisse bringen und nicht nur auf die, die Sie beschäftigen.
- Sie können sich eine Person suchen, die Sie in die Pflicht nimmt und Sie an Ihre Ziele erinnert.

Zusammenfassung des Kapitels

In diesem Kapitel wurden die folgenden Punkte ausführlich behandelt:

- Der Versuch, die täglichen Aktivitäten zu bewältigen, kann Ihre Produktivität beeinträchtigen. Deshalb müssen Sie lernen, wie Sie in Ihrem Leben Prioritäten setzen.
- Das persönliche Kanban-Board ist ein Produktivitäts- oder Aufgabenmanagementsystem, das es Ihnen ermöglicht, Ihre Aufgaben besser zu priorisieren und Konflikte zwischen persönlichen und beruflichen Zielen zu vermeiden.
- Die Priorisierung von Aufgaben trägt dazu bei, mehr Wert aus der begrenzten Zeit zu schöpfen und damit produktiver zu sein.
- Zu den beiden Grundprinzipien der persönlichen Kanban-Methode gehören die Visualisierung Ihrer Arbeit und die Begrenzung Ihres Arbeitsfortschritts.
- Beim Visualisieren Ihrer Arbeit geht es darum, ein mentales Bild zu schaffen, das Ihnen hilft, Ihre Leistung zu verbessern.
- Untersuchungen zeigen, dass Bilder eine um 93 % größere Wahrscheinlichkeit haben, einen Eindruck auf das menschliche Gehirn zu machen, als Text.

- Die Begrenzung Ihres Arbeitsfortschritts ist ein Versuch, Nein zu sagen, wenn Sie mehr Aufgaben haben, als Sie an einem Tag oder in einer Woche erledigen können.
- Der Begriff WIP-Limit bezieht sich auf das Festlegen einer bestimmten Anzahl von Aufgaben, die Sie erledigen können, ohne sich selbst zu überlasten oder Ihr Produktivitätsniveau zu beeinträchtigen.
- Multitasking kann zu einer geringeren Produktivität führen.
- Um die persönliche Kanban-Methode zu verwenden, müssen Sie drei Spalten anlegen, die die Bezeichnungen „Zu erledigen", „In Bearbeitung" und „Erledigt" tragen.
- Die To-Do-Spalte sollte drei (oder mehr) Aufgaben enthalten, die Sie erledigen müssen.
- Die Spalte „In Bearbeitung" sollte die Aufgaben enthalten, die Sie jetzt erledigen können.
- Die Erledigt-Spalte sollte alle erledigten Aufgaben enthalten.
- Am besten ist es, wenn Sie Ihre Aufgaben nach Prioritäten ordnen, beginnend mit der wichtigsten und nicht mit der dringendsten.
- Verschieben Sie eine Aufgabe von Spalte eins in Spalte zwei, wenn Sie Fortschritte machen.
- Ihr persönliches Kanban-Board sollte einfach und nicht kompliziert gestaltet sein.
- Es ist äußerst hilfreich, wenn Sie ein Whiteboard und Post-Its haben, um Ihr persönliches Kanban-Board zu erstellen.
- Überprüfen Sie Ihr persönliches Kanban-Board regelmäßig, um es zu aktualisieren und zu verbessern.

Im nächsten Kapitel erfahren Sie, welche Gefahren die Prokrastination birgt und wie Sie sie überwinden können.

KAPITEL VIER

Wie Sie Prokrastination überwinden

Prokrastination ist ein Dieb der Zeit, wie Edward Young es so treffend formulierte. In Bezug auf die Produktivität ist Prokrastination ein wichtiger Faktor, der Menschen daran hindert, große Schritte im Leben zu tun. Die Prokrastination hindert Menschen daran, die richtigen Entscheidungen zur richtigen Zeit zu treffen bzw. rechtzeitig Maßnahmen zu ergreifen, um bestimmte Ziele zu erreichen. In vielerlei Hinsicht hielt Prokrastination eine ganze Reihe von Menschen davon ab, eher härter als klüger zu arbeiten.

Gelegenheiten tendieren dazu, Ihnen aus den Fingern zu gleiten, wenn die Zeit, die eigentlich produktiv genutzt werden sollte, langsam verstreicht.

Prokrastination bedeutet nicht unbedingt Faulheit, sondern eine Verzögerung bei der Ausführung eines Vorgangs. Basierend auf zahlreichen Untersuchungen stellt Piers Steel fest, dass fast 95 % der Menschen in unterschiedlichem Maße prokrastinieren. Viele fühlen sich als Sklaven dieser Gewohnheit und wünschen sich, sie könnten die Prokrastination überwinden. Selbst persönliche Träume und Bemühungen fallen der Prokrastination zum Opfer. Menschen durchlaufen diesen Kreislauf über Jahre hinweg, ohne dass sie etwas Sinnvolles in Richtung ihrer gewünschten Ziele unternehmen.

Prokrastination kann die Produktivität beeinträchtigen. Sie führt oft zu einem niedrigen Selbstwertgefühl, Depressionen, Frustration und Schuldgefühlen. Anstatt sich selbst fertig zu machen, sollten bewusste und konkrete Schritte zur Überwindung dieser Gewohnheit im Vordergrund stehen. Der Kampf gegen Prokrastination erfordert Taten. Eine Person, die prokrastiniert und im Leben vorankommen will, muss verstehen, dass die Zeit zum Beginnen genau jetzt ist. Es ist möglich, die Prokrastination zu überwinden, es handelt sich dabei jedoch um einen Prozess, der nur dann erfolgreich ist, wenn Sie bereit sind, die notwendigen Schritte zu unternehmen.

Die folgenden Schritte werden Ihnen helfen, die Prokrastination zu überwinden:

Schritt 1: Geben Sie zu, dass Sie prokrastinieren

Der erste Schritt auf dem Weg zur Selbstverwirklichung besteht darin, dass Sie erkennen, dass Sie ein Problem haben, bei dem Sie dringend Aufmerksamkeit oder Hilfe benötigen. Wenn Sie ehrlich zu sich selbst sind, dann ist der Weg zu einem Leben ohne Prokrastination recht kurz. Es ist kein gesunder Lebensstil für sehr erfolgreiche Menschen, Dinge auf unbestimmte Zeit aufzuschieben oder sich bei einer wichtigen Aktivität ablenken zu lassen. Hier sind einige Möglichkeiten, mit denen Sie prüfen können, ob Prokrastination zu Ihrem Lebensstil geworden ist:

Sie lassen wichtige Aufgaben unerledigt

Viele Menschen fallen immer noch dem Problem zum Opfer, dass sie aufgrund von Ablenkungen und der Unfähigkeit, Prioritäten zu setzen, die wichtigen Dinge unerledigt lassen. Viele Menschen beginnen oftmals eine Aufgabe mit einer Menge Enthusiasmus und geben dann aufgrund von Druck, Ablenkung, Herausforderungen und mehr diese Aufgaben auf halbem Weg auf. Wenn etwas anderes dazwischen kommt, dann stürzen sich solche Menschen darauf und vergessen, woran sie gerade gearbeitet haben. Wenn diese Handlung zur Gewohnheit wird, dann wird Prokrastination zu einem Lebensstil.

Sie vernachlässigen Aufgaben mit hoher Priorität für weniger kritische Dinge

Einige Denkschulen glauben, dass Sie die Motivation für größere Aufgaben bekommen, wenn Sie sich mit den kleineren Aufgaben beschäftigen. Eine andere Denkschule ist der Meinung, dass der beste Teil Ihres Tages der Erledigung der anspruchsvollsten Aufgaben gewidmet sein sollte. Manche Menschen nehmen sich jedoch kleinere Aufgaben vor, schieben allerdings später die größeren Aufgaben in den Hintergrund. Hierbei besteht die Gefahr, dass die Aufgaben mit hoher Priorität am Ende keine Aufmerksamkeit mehr bekommen.

Außerdem kann es kontraproduktiv sein, den weniger wichtigen Aufgaben nachzugehen, während wertvolle Zeit verstreicht. Und wenn Sie auf dringende und drängende Probleme immer zuerst zu reagieren, anstatt zu lernen, sich den wichtigen Aufgaben zu widmen, wird dieses Verhalten zu einer Gewohnheit, die nur schwer zu durchbrechen ist.

Sie verwenden Ihre Zeit für andere Menschen, was sich zu Ihrem Nachteil auswirkt

Es ist gut, anderen Menschen zu helfen und zu versuchen, arbeitsbezogene Probleme für andere Menschen zu lösen. Wenn Sie jedoch zulassen, dass andere Personen bestimmen, wie Ihr Tag verläuft, dann ist das ein Rezept für Misserfolg.

Wenn Sie sich darin verfangen, Aufgaben für Freunde und Familie zuerst zu erledigen, kann das ein echter Zeitfresser in Ihrer begrenzten Arbeitszeit sein. Es ist zwar keine schlechte Sache, Familie, Freunden und Kollegen zu helfen, aber dies sollte nicht zu Lasten Ihrer eigenen Arbeit gehen. Planen Sie alle Hilfeleistungen ebenfalls in Ihrer To-Do-Liste, damit sie nicht Ihre anderen Aufgaben verdrängen.

Sie warten auf den richtigen Zeitpunkt, die richtige Stimmung oder den richtigen Umstand

Es ist eine Illusion, anzunehmen, dass es den richtigen Zeitpunkt, die richtige Stimmung oder den richtigen Umstand gibt, um etwas Sinnvolles zu erreichen. Viel zu viele Menschen sind Opfer ihrer eigenen Emotionen und ihres eigenen Timings. Das Warten auf den richtigen Zustand oder den „perfekten" Zeitpunkt, der nie zu kommen scheint, kostete viele Menschen verschwendete Jahre, in denen sie nichts Konkretes erreichten. Ihre Stimmungslage kann eine Ausrede für die Prokrastination sein, indem Sie sich sagen, dass der Zeitpunkt nicht richtig sei oder dass nicht alle Faktoren für eine reibungslose Ausführung gegeben seien.

Die Wahrheit ist jedoch, dass es niemals einen perfekten Zeitpunkt oder die richtige Stimmungslage geben wird, um eine Sache zu erledigen. Auch die Bedingungen für das Erreichen Ihrer Ziele werden nicht immer zu 100 % gegeben sein. Aus diesem Grund sind Sie in der besten Position, sich selbst vorzugeben, was die richtige Stimmung, der richtige Zeitpunkt und die richtigen Bedingungen sind. Wenn Sie es wollen, dann werden alle Ausreden verpuffen.

> **„Wer gut bei Ausreden ist, ist selten für etwas anderes gut."**
> **– Benjamin Franklin.**

> **„Das Problem mit Ausreden ist, dass sie unweigerlich schwer zu glauben sind, nachdem sie ein paar Mal benutzt wurden."**
> **– Scott Spencer**

Sie verbringen mehr Zeit mit weniger wichtigen Aktivitäten

Alle Aufgaben verdienen Ihre Aufmerksamkeit, aber nicht alle Aufgaben erfordern die gleiche Aufmerksamkeit. Daher bestimmt die Fähigkeit, zu wissen, wie viel Zeit Sie jeder Aufgabe widmen müssen, Ihr Produktivitätsniveau. Dies ist die Formel, mit der sich Top-Performer hervortun. Es ist wichtig, Ihre E-Mails zu lesen und zu beantworten, doch dies erfordert vielleicht nicht so viel Zeit wie die Ausarbeitung Ihrer Seminararbeit. Für Mitarbeiter im Kundensupport könnte das Lesen und Beantworten von E-Mails wichtiger sein als das Schreiben des Tagesberichts während kritischer Arbeitszeiten. Das heißt, dass für jede Person bestimmte Aufgaben eine größere Bedeutung haben als andere. Die Fähigkeit, die Zeit angemessen für die richtigen Aufgaben zu verwenden, bestimmt das Ausmaß Ihrer Produktivität.

Sie vertrauen sich selbst nicht mehr

Wenn Menschen sich angewöhnen, Versprechen, die sie sich selbst gegeben haben, zu brechen, wird Selbstvertrauen unmöglich. Und wenn es an Selbstvertrauen in die eigenen Fähigkeiten mangelt, dann beginnt die Produktivität zu schwinden. In diesem Moment wird es unmöglich, die Motivation zu finden, etwas zu tun, da Sie glauben werden, dass Ihre Arbeit wahrscheinlich keine Früchte tragen wird, und deswegen geben Sie auf.

Sie geben zu leicht auf

Wenn Sie schon bei der kleinsten Herausforderung aufgeben, kann dies zu einer guten Ausrede werden, um zu prokrastinieren. Sobald Menschen mit Situationen konfrontiert werden, die ihnen unüberwindlich erscheinen, nimmt die Tendenz zum Aufgeben zu. Oftmals haben Menschen ein Problem damit, einen Schritt zurückzugehen. Wenn zu viel Zeit verstrichen ist, stellt sich ein Gefühl der Überforderung ein, das zu noch mehr Prokrastination führt.

Schritt 2: Finden Sie heraus, warum Sie prokrastinieren und gehen Sie dieses Problem an

Jeder von uns hat die Fähigkeit, sich bei der Umsetzung von Aufgaben auszuzeichnen, doch den meisten Menschen fehlt die Disziplin und das Wissen, um die Dinge umzusetzen. Die Ironie dabei ist, dass die meisten Menschen sich selbst nicht eingestehen, dass eines ihrer größten Probleme die Prokrastination ist. Einige von denen, die es wissen, können nicht erklären, warum sie prokrastinieren, oder ihnen fehlt die Disziplin, um ihre Neigung zur Prokrastination zu überwinden.

Es ist nicht der richtige Weg, sich selbst aufzugeben. Sie müssen daran arbeiten. Allerdings müssen Sie zuerst die wirkliche Ursache für Ihre Prokrastination identifizieren. Hier sind einige Faktoren, die für Prokrastination verantwortlich sein können:

Mangel an Interesse

Sobald eine Person nicht voller Leidenschaft für die Dinge ist, die sie tut, wird die Tendenz zum Prokrastinieren höher. Aufschieben oder komplettes Vermeiden werden zur Tagesordnung, wenn man sich bei dem, was man tut, schlecht fühlt. Der einzige Ausweg aus einer solchen Blockade besteht darin, seinen persönlichen Funken zu finden.

Für Manager sollte die Zuweisung einer Aufgabe an eine andere Person bestimmten Kriterien folgen, um erfolgreich zu sein. Wenn Sie einen Blick auf die Herangehensweise einer Person an eine Aufgabe werfen, kann das viel darüber aussagen, ob sie die richtige Person für die Aufgabe ist. Sie sollten folgende Dinge tun:

Entscheiden Sie sich für die am besten geeignete Person für den Job

Es ist entscheidend, die Verantwortung an eine Person zu delegieren, die diese mit der größten Wahrscheinlichkeit erledigen wird.

Manche Menschen haben eine hohe Toleranzschwelle für bestimmte Aufgaben und die Zuweisung solcher Aufgaben an solche Personen kann zu besseren Ergebnissen führen.

Zerlegen Sie die Arbeit in kleinere Aufgabenabschnitte

Wenn die eigene Toleranzschwelle niedrig ist, hilft es, die Aufgabe in kleinere Komponenten aufzuteilen. Versuchen Sie, sich auf eine Komponente pro Zeitabschnitt zu konzentrieren.

Planen Sie Zeit ein

Es ist eine gute Idee, einen bestimmten Zeitpunkt für den Beginn der Aufgabe festzulegen. Sobald Sie mit den Aufgaben beginnen, konzentrieren Sie sich auf die Erledigung dieser Aufgaben, bevor Sie eine andere in Angriff nehmen. Auf diese Weise erhöhen Sie die Produktivität und vermeiden zu viele unerledigte Aufgaben.

Mangel an Motivation

Die beste Möglichkeit, um den Faktor Motivation anzugehen, besteht darin, die Aufgabe tatsächlich zu beginnen. Wenn Sie auf die richtige Motivation warten, kann das eine Weile dauern und den Abschluss der Aufgabe länger als nötig verzögern. Sobald ein Projekt beginnt und Sie einen gewissen Erfolg sehen, steigt das Motivationsniveau tendenziell an. Wir werden in Kapitel acht mehr über das Thema Motivation herausfinden.

Umgang mit persönlichen Problemen

Persönliche Herausforderungen können dem Erledigen von Dingen im Weg stehen. Wenn andere Herausforderungen des Lebens auftauchen, dann wird Ihre Fähigkeit, richtig mit diesen Problemen umzugehen, darüber entscheiden, ob diese Ihrer Arbeit schaden oder nicht. Aus diesem Grund wird Ihre Fähigkeit, Ihre Emotionen angesichts von Herausforderungen zu kontrollieren und zu steuern, die Qualität der geleisteten Arbeit bestimmen.

In herausfordernden Situationen ist es am besten, die Bewältigung von Aufgaben zur Priorität zu machen und sie in kleinere Brocken zu zerlegen, die Sie bewältigen können. Wenn Sie sich zu sehr auf Ihre Herausforderungen konzentrieren, wird es zu einem Produktivitätsabfall führen, doch wenn Sie versuchen, nach vorne zu schauen, wird es Ihnen die Energie geben, weiterzuarbeiten.

Mangel an Fähigkeiten

Menschen lassen ihre Ziele aufgrund ihres Toleranzniveaus, ihrer Konzentrationsfähigkeit, ihres Energielevels oder eines Mangels an der einen oder anderen Fähigkeit schleifen. Aus diesem Grund müssen Sie Fähigkeiten in den Bereichen entwickeln, die Ihnen dabei helfen, Ihre Ziele zu erreichen. Durch Mentoren können Sie von denjenigen Personen lernen, die sich auf demselben Gebiet wie Sie hervorgetan haben. Das Lesen von Informationen ist ein weiteres Mittel, um sich weiterzuentwickeln bzw. von Experten auf Ihrem Gebiet zu lernen. Die Sache ist die: Wenn Sie das Problem der Prokrastination überwinden wollen, müssen alle Aktivitäten, die die Prokrastination auslösen, verschwinden – und eine Möglichkeit, um die Prokrastination zu bekämpfen, ist Selbstentwicklung.

Wenn Prokrastination Ihnen die Zeit stiehlt, was tun Sie dann, um sie zu stoppen? Selbstentwicklung kann dieses Mittel gegen Prokrastination sein.

Angst

Angst ist das Gegenteil von Vertrauen und Mut. Viele Menschen lassen manchmal wichtige Aufgaben unerledigt, weil sie Angst vor dem Umfang der Aufgaben haben. Unglücklicherweise macht das Aufschieben der Aufgabe die Sache nur noch komplizierter, da Ihnen die Zeit davonläuft.

Im Leben der Menschen gibt es zu viele Ängste. Es gibt die Angst vor dem Versagen, vor dem Unbekannten, vor negativem Feedback und vor Ablehnung. Vielen Menschen nimmt die Angst, bewertet zu werden oder negatives Feedback zu bekommen, die Lust, überhaupt anzufangen. Feedback ist ein integraler Bestandteil, um herauszufinden, wie produktiv Sie sind, und sollte keine Quelle der Angst darstellen. Sehen Sie Feedback als ein Werkzeug, um Ihre Produktivität zu verbessern.

Was auch immer die Form der Angst ist: Angst hat bereits viele Menschen davon abgehalten, mutige Schritte zu unternehmen, um neue Projekte zu starten und die nächste Stufe in ihrem persönlichen und beruflichen Leben zu erreichen.

Sich gestresst oder überfordert fühlen

Stress ist eine der Hauptursachen für Prokrastination. Wenn eine Person sich über gewisse Dinge Sorgen macht, neigt sie zum Prokrastinieren, und wenn sich eine Aufgabe verzögert, führt dies zu weiterer Angst vor der Nicht-Erledigung der Aufgabe, während die Ursache der Anspannung bestehen bleibt.

Wenn sich diese Ereignisse häufen und noch mehr Aufgaben hinzukommen, dann besteht die Gefahr, dass Sie sich überfordert fühlen. Wenn Sie nicht sofort Maßnahmen ergreifen, um die Probleme zu lösen, sich Hilfe für Ihre Aufgaben zu suchen oder die Aufgaben einfach zu erledigen, dann können Sie eine Depression entwickeln. Stress kann eine lähmende Wirkung haben bzw. eine lähmende Denkweise erzeugen. Mit zielgerichtetem Handeln können Sie jedoch die Dinge wieder in den Griff bekommen.

Wahrgenommener Kontrollverlust

Wenn Menschen das Gefühl haben, dass sie keine Kontrolle über die Umstände ihres Lebens haben, dann steigt die Tendenz zum Prokrastinieren. Solche Menschen sind der Ansicht, dass äußere Einflüsse, wie die Umgebung oder andere Menschen, die Kontrolle über ihr Leben haben. Das Gefühl der Hilflosigkeit kann zu Depressionen oder einem Gefühl der Wertlosigkeit führen und den Betroffenen dazu veranlassen, Aufgaben aufzuschieben.

Das Gefühl, von einem kritischen Chef oder Elternteil nicht gewürdigt zu werden, kann dazu führen, dass man sich hilflos fühlt. Dieses Gefühl kann den Arbeitsfortschritt verlangsamen oder zu minderwertigen Arbeitsergebnissen führen.

Schritt 3: Wie Sie sich gegen Prokrastination wehren: Strategien, die wirklich helfen

Um Prokrastination als Gewohnheit zu überwinden, bedarf es einer bewussten und absichtlichen Anstrengung. Untersuchungen zeigen, dass es etwa 66 Tage dauert, um eine neue Gewohnheit zu entwickeln oder eine bestehende Gewohnheit abzulegen. Um dieses Ziel zu erreichen, müssen Sie also dazu in der Lage sein, alte Gewohnheiten zu verlernen und neue zu erlernen. Legen Sie alte Gewohnheiten ab und lernen Sie, wie Sie Dinge auf eine neue Art erledigen. Das Ändern von Gewohnheiten geschieht nicht über Nacht, sondern ist ein Prozess, der Ausdauer und Geduld erfordert.

Mit den folgenden Strategien können Sie Prokrastination im Laufe der Zeit überwinden:

Lernen Sie, sich Ihre vergangene Aufschieberitis selbst zu verzeihen

Seien Sie nicht zu hart zu sich selbst und vergessen Sie Ihre vergangene Prokrastination. Es kann ein schwerwiegender Denkfehler sein, daran festzuhalten, dass man in der Vergangenheit eine bestimmte Aufgabe nicht erledigen konnte oder ein Ziel nicht erreicht hat. Meistens neigen Menschen dazu, sich von vergangenen Misserfolgen aufhalten zu lassen, wenn sie versuchen, sich weiterzuentwickeln. Wenn Sie an der Vergangenheit festhalten, erhöhen Sie jedoch nur die Wahrscheinlichkeit, dass sich das Problem wiederholt. Wenn Sie über sich hinauswachsen wollen, dann müssen Sie einen Weg finden, vergangene Misserfolge loszulassen.

Als Erstes müssen Sie erkennen, dass es sich hierbei lediglich um eine Schwäche handelt. Solange es eine Gewohnheit ist, können

Sie diese genauso verlernen, wie Sie die Gewohnheit des Prokrastinierens entwickelt haben.

Legen Sie Ihre Ziele fest

Setzen Sie sich klar definierte Ziele und SMART-Ziele, die mit Ihren persönlichen und beruflichen Zielen übereinstimmen. Das Festlegen unrealistischer Ziele kann zu weiterer Frustration führen und Ihren Kampf gegen Prokrastination erschweren. Um Ihre Ziele erreichbar zu machen, sollten Sie diese aufschreiben sowie Zeitpläne für ihre Erreichung festlegen. In diesem Buch finden Sie mehrere Hilfsmittel, die Ihnen dabei helfen, sich selbst realistische Ziele zu setzen und diese auch zu erreichen. Lesen Sie weiter, wenn Sie mehr darüber erfahren möchten.

Verpflichten Sie sich der Aufgabe

Wie bereits in diesem Buch erwähnt, ist es genauso wichtig, dass Sie Maßnahmen ergreifen, wie Sie sich Ziele setzen. Wenn Sie sich Ziele setzen und nicht die nötige Zeit und die Ressourcen aufwenden, um diese auch zu verwirklichen, dann werden Sie nichts bewirken. Sie müssen sich gezielt darum bemühen, Fähigkeiten zu entwickeln, herausfinden, was Sie brauchen, einen Aktionsplan aufstellen und die Ziele mit Nachdruck verfolgen.

Konzentrieren Sie sich auf das Ende

Die Einstellung, etwas zu Ende zu bringen, kann Ihnen dabei helfen, sich zum Erreichen Ihrer Ziele zu motivieren. Konzentrieren Sie sich auf das Endergebnis, indem Sie visualisieren, was Sie durch dieses Ziel erreichen wollen. Aber um erfolgreich zu sein, müssen Sie bereits einen Aktionsplan erstellt haben, um dieses Ziel zu erreichen. Das Visualisieren und die Fokussierung auf den Abschluss einer Aufgabe helfen Ihnen dabei, das Ziel zu erreichen.

Allerdings wird die Fokussierung auf eine Aufgabe nicht die Herausfordcrungen beseitigen, die damit einhergehen. Wenn Sie jedoch einen Aktionsplan und ein gut formuliertes Ziel haben, wird

Ihnen dies dabei helfen, motiviert zu bleiben und Ihre Strategie bei Bedarf anzupassen. Damit Sie sich besser konzentrieren können, müssen Sie alle Ablenkungen beseitigen.

Feiern Sie kleine Erfolge

Versprechen Sie sich selbst eine Belohnung für das Erreichen eines jeden Meilensteins und gönnen Sie sich diese Belohnung dann auch. Schließlich haben Sie es sich verdient! Eine solche Belohnung kann ein Besuch in Ihrem Lieblingsrestaurant zur Mittagszeit sein. Die Vorfreude auf diese Belohnung wird Ihren Geist beflügeln, wenn Sie kleine Erfolge sehen. Wenn Sie sich nicht selbst feiern, wer dann?

Lassen Sie sich von einer anderen Person in die Pflicht nehmen

Jemanden zu bitten, Sie in die Pflicht zu nehmen, kann äußerst hilfreich sein. Zu wissen, dass Sie jemandem gegenüber rechenschaftspflichtig sind, stärkt Ihre Moral. Wenn ein persönlicher „Pflicht-Kumpel" nicht zur Verfügung steht, können Anwendungen wie Remote Bliss ein wertvolles Hilfsmittel sein.

Auch der sogenannte Gruppenzwang ist ein effektives Unterstützungssystem. Wenn Freunde und Familie erst einmal über Ihre Ziele Bescheid wissen, werden sie bestimmt immer wieder nach dem Fortschritt fragen.

Handeln Sie sofort

Sobald Sie neue Projekte erhalten, weisen Sie ihnen eine Priorität zu. Damit meine ich, dass Sie diese neuen Projekte in Ihre To-Do-Liste mit einer Zeitleiste und einem Aktionsplan einarbeiten sollen. Wenn Sie das mit jeder neuen Aufgabe tun, werden Sie sich sicherer fühlen und Ihren Tag besser im Griff haben, da Sie nichts mehr vergessen. Eine Strategie, um Prokrastination zu vermeiden, besteht darin, dass Sie niemals eine Aufgabe aus den Augen lassen.

Ermitteln Sie Ihr produktivstes und Ihr unproduktivstes Zeitfenster und planen Sie Aufgaben mit hoher und niedriger Priorität so, dass sie in diese Zeitfenster hineinpassen. Zu wissen, wann Sie am produktivsten sind, hilft Ihnen dabei, sich auf die wichtigeren Aufgaben auf Ihrer To-Do-Liste zu konzentrieren. Die Erledigung wichtiger Ziele macht die Arbeit an anderen Projekten leichter und weniger frustrierend.

Formulieren Sie Ihre inneren Gedankenprozesse um

Die Dinge, die Sie sich selbst sagen, werden mit der Zeit zu den Dingen, die Sie glauben. Die Wörter, die Sie verwenden, werden Sie entweder inspirieren oder die Räder des Fortschritts zum Stillstand bringen. Wörter wie „müssen" suggerieren, dass Sie überhaupt keine Wahl haben. Solche Äußerungen allein können demotivieren, wohingegen Phrasen wie „Ich werde" und „Ich entscheide mich dafür" darauf hinweisen, dass Sie die Kontrolle haben.

Beseitigen Sie Ablenkungen

Ablenkungen sind der größte Feind beim Erreichen Ihrer Ziele, und diese können in verschiedenen Formen auftreten: Fernsehen, E-Mails, soziale Medien, Telefonanrufe sowie Familie und Freunde. Ablenkungen können Ihre produktivsten Zeitfenster beanspruchen und dazu führen, dass Ihre Träume unerfüllt bleiben.

Ein guter Plan zur Minimierung oder Beseitigung von Ablenkungen lässt Ihnen mehr Zeit, sich auf die anstehende Aufgabe zu konzentrieren. Wenn es nötig ist, können Sie Ihr Telefon auf stumm stellen und sich von technischen Hilfsmitteln fernhalten, die Sie von Ihrer Arbeit ablenken können.

Konzentrieren Sie sich zuerst auf weniger angenehme Aufgaben

Erledigen Sie alle Aufgaben, die Ihnen Energie rauben können, zuerst, solange Ihr Energielevel noch hoch ist. Wenn Sie energiezehrende Aufgaben auf später verschieben, kann dies dazu führen, dass diese nicht erledigt werden. Andere, weniger kräftezehrende Aufgaben können Sie auch anschließend noch leicht erledigen.

Ändern Sie Ihr Umfeld

Es kann möglich sein, dass Sie eine andere Umgebung brauchen als die, in der Sie sich befinden. Unsere Umgebung kann unsere Produktivität beeinflussen. Das richtige Umfeld kann entweder eine Quelle der Inspiration sein oder ein Grund zum Prokrastinieren.

Bestimmte Bedingungen machen eine Arbeitsumgebung unangenehm oder produktiv, darunter die folgenden:

- Unfreundlichkeit
- Schlecht organisierter Arbeitsplatz
- Vorurteile
- Mangel an Arbeitsmitteln und Zubehör
- Defekte Ausrüstung
- Stickige, feuchte, heiße oder kalte Umgebungen

Die Prokrastination kann Ihnen zur zweiten Natur oder zur Gewohnheit werden. Es erfordert Anstrengung, einen starken Willen, Hingabe und einen Aktionsplan, um damit umzugehen. Die Überwindung Ihres Problems der Prokrastination wird mit der Zeit kommen, nicht über Nacht.

Handeln ist der Schlüssel. Wenn Sie einmal verstanden haben, warum Sie prokrastinieren und wo Ihre Schwachstellen liegen, dann sind Sie auf dem besten Weg, diese zu beseitigen. Jetzt ist die Zeit gekommen! Werden Sie diese Herausforderung hinauszögern (prokrastinieren) oder werden Sie diese Pläne in die Tat umsetzen?

Zusammenfassung des Kapitels

- Akzeptieren Sie zunächst, dass Sie prokrastinieren und unternehmen Sie konkrete Schritte, um diese Angewohnheit zu überwinden.
- Verstehen Sie die Dinge, die Menschen tun, die Prokrastination zu einem Lebensstil gemacht haben.
- Identifizieren Sie anhand der Liste, warum Sie prokrastinieren, und machen Sie sich sofort an die Arbeit.
- Erkennen Sie, dass Prokrastination ein Problem ist, das viele Menschen haben, und verzeihen Sie sich selbst.
- Wählen Sie die Anti-Prokrastinations-Strategien, die am besten zu Ihnen passen. Vertrauen Sie darauf, dass diese Strategien für Sie funktionieren werden.
- Legen Sie eine motivierende Denkweise an den Tag, konzentrieren Sie sich auf das Ende der Aufgabe und nicht auf den Anfang.
- Arbeiten Sie nicht allein. Sorgen Sie dafür, dass eine andere Person Sie in die Pflicht nimmt, damit Sie die Kontrolle behalten.
- Handeln Sie nach Gefühl. Nehmen Sie die Aufgabe an und vermeiden Sie einen Rückstau an Aufgaben, da dies einen Rückfall in die Prokrastination begünstigt. Fangen Sie einfach mit dem Aktionsplan an.
- Sorgen Sie dafür, dass Sie ablenkende Faktoren so weit wie möglich eliminieren. Entwickeln Sie den Willen, sich diesen Ablenkungen nicht hinzugeben.
- Feiern Sie jeden erfolgreichen Meilenstein mit einer Belohnung. Wenn Sie sich selbst auf die Schulter klopfen, kann das sehr motivierend sein.
- Wechseln Sie die Umgebung, wenn es nötig ist. Das richtige Umfeld kann Sie in Hochstimmung für maximale Leistungen und Erfolge versetzen.

- Was Sie denken, ist das, was Sie glauben. Achten Sie auf die Worte, die Sie zu sich selbst sagen. Ändern Sie Ihren inneren Dialog so, dass er zu Ihrer neuen Entschlossenheit passt.

Im nächsten Kapitel erfahren Sie mehr über den Wert der Zeitmaximierung sowie nützliche Zeitmanagement-Tricks.

KAPITEL FÜNF

Tipps und Tricks für ein optimales Zeitmanagement

Zeit ist eine begrenzte, jedoch universelle Ressource, und jeder von uns hat täglich 24 Stunden Zeit zur Verfügung. Allerdings nutzt nicht jeder seine Zeit optimal. Wie sonst erklären Sie sich die Tatsache, dass einige Menschen innerhalb des gleichen 24-Stunden-Zeitraums größere Erfolge erzielen als andere? Bedeutet das, dass sehr erfolgreiche Menschen länger arbeiten als die weniger erfolgreichen? Die Antwort lautet: Nein! Die einfache Tatsache ist, dass manche Menschen die Kunst erlernt haben, ihre Zeit effektiver zu managen. Andere hingegen haben vielleicht mehr Probleme mit Zeitfressern in ihrem Tagesablauf. Wie managen Sie also die Zeit, um Ihre Produktivität zu steigern?

„Zeit ist nicht die Hauptsache; sie ist die einzige Sache.“
– Miles Davis

Explosive Zeitmanagement-Tipps für eine gesteigerte Produktivität

Hier sind bewährte, aber einfache Zeitmanagement-Tricks, die Ihnen zu mehr Effizienz verhelfen:

Prüfen Sie die aufgewendete Zeit

Wenn Sie ein Zeit-Audit durchführen, dann werden Sie erstaunt feststellen, womit Sie den Großteil Ihrer Zeit verbringen. Wie viel Zeit verbringen Sie mit arbeitsbezogenen und nicht arbeitsbezogenen Aktivitäten? Wie viel Zeit wenden Sie für Aufgaben auf, die Ihr Endergebnis verbessern und Sie Ihren Zielen näher bringen? Wie viel Zeit geht für das Lesen und Beantworten von E-Mails, Social

Media und mehr drauf? Vielleicht nehmen Sie sich vor, jeden Morgen nur 30 Minuten für E-Mails und soziale Medien aufzuwenden, verbringen aber am Ende mehr als eine Stunde damit.

Beginnen Sie damit, Ihre Aktivitäten für eine ganze Woche zu analysieren, um Bereiche zu erkennen, in denen Sie Zeit verschwenden. Eine der einfachsten Möglichkeiten, Ihre Aktivitäten zu verfolgen, ist die Verwendung von Zeiterfassungsprogrammen wie Toggl, RescueTime oder Calendar. Am Ende der Woche gibt Ihnen der Bericht der App eine bessere Vorstellung davon, wie Sie Ihre Zeit verbringen. Danach können Sie die erforderlichen Anpassungen vornehmen.

Messen Sie die Zeit für jede Aufgabe und setzen Sie sich zeitliche Limits

Wenn Sie offene Fristen haben, dann werden Sie diese oftmals nicht pünktlich fertigstellen oder Sie werden überhaupt nicht fertig. Das Festlegen eines Zeitrahmens bzw. von zeitlichen Einschränkungen für jede Aufgabe hält Sie davon ab, zu prokrastinieren bzw. Ihre To-Dos hinauszuzögern. Wenn Sie Puffer um Ihre Aufgaben herum schaffen, ist es einfacher, eine bestimmte Aufgabe zu bewältigen. Bei einer Aufgabe, deren Erledigung mehrere Tage oder Wochen in Anspruch nimmt, kann es helfen, diese Aufgabe in kleinere, überschaubare Tagesaufgaben zu unterteilen. Jeder erreichte Meilenstein bringt Sie näher an Ihr Gesamtziel.

Ich verwende Zeitpuffer, die mir dabei helfen, eine Aufgabe zu bewältigen. Wenn ich einen Vortragstermin habe, plane ich gerne Wochen im Voraus. Aus diesem Grund erstelle ich in der Regel eine Zeitleiste mit Puffern, die mir dabei helfen, die Seminararbeit termingerecht fertigzustellen. Wenn das Referat aus irgendeinem Grund länger dauert als geplant, dann muss es auf ein anderes Zeitfenster warten. Nur so lässt sich vermeiden, dass die Zeit für andere Aktivitäten draufgeht.

Achten Sie jedoch darauf, dass die Zeitvorgaben nicht illusorisch sind, sondern dass Sie sie tatsächlich einhalten können. Sie können einen Freund auswählen, der Sie in die Pflicht nimmt, indem Sie ihm erzählen, was Sie erreichen wollen und welchen Zeitrahmen Sie sich dafür gesetzt haben. Ihr „Pflicht-Kumpel" kann Ihnen dabei helfen, auf dem Weg zum Erfolg zu bleiben.

„Sie brauchen so viel Energie zum Wünschen wie zum Planen."
– Eleanor Roosevelt

Planen Sie im Voraus

„Zweimal messen, einmal schneiden" ist ein beliebtes Sprichwort in der Welt des Hochbaus oder der Zimmerei. Dieses Sprichwort bedeutet, dass Ingenieure oder Zimmerleute die Dinge gleich beim ersten Versuch richtig machen. Und genauso wertvoll ist eine vorausschauende Planung für Ihre Ziele.

Wenn Sie einen Aktionsplan haben, dann ersparen Sie sich den Stress, planlos zu handeln oder sich auf die weniger wichtigen Aufgaben zu konzentrieren. Einige Aufgaben sind für Ihren Erfolg wichtiger als andere. Ohne ausreichende Planung können Sie am Ende sehr wenig erreichen.

Der beste Zeitpunkt zum Erstellen eines Plans oder einer To-Do-Liste:

Beginnen Sie am Vorabend

Am Ende eines jeden Arbeitstages kann der perfekte Zeitpunkt sein, um Pläne für die Aktivitäten des nächsten Tages zu machen. Schon 15-30 Minuten reichen aus, um eine To-Do-Liste mit den wichtigsten Aufgaben für morgen zu erstellen.

Das Spannende an der Planung am Vorabend ist, dass diese Ihnen dabei hilft, wahrscheinliche Ablenkungen zu eliminieren. Wenn Sie Ihren Plan schon am Vorabend machen, arbeitet Ihr Geist auf

Hochtouren und ist bereit für die morgigen Aktivitäten. Dies kann ebenfalls dazu beitragen, Sie zu motivieren und Sie für die Arbeit zu begeistern. Zudem wird Ihr Fokus erhöht und Ihre Energie auf die produktivsten Aufgaben des Tages gelenkt.

Beginnen Sie gleich morgens

Während manche Menschen es vorziehen, ihren Tag am Vorabend zu planen, tun dies andere lieber früh am Morgen. Sie können eine Liste mit drei oder fünf Ihrer dringendsten und wichtigsten Aktivitäten für den Tag erstellen. Legen Sie dann einen Zeitplan für Ihre produktivste Zeit fest, um diese zu erledigen.

Überprüfen Sie jedoch immer wieder Ihre Pläne, um Fehler oder Irrtümer zu vermeiden. Jedes Durcheinander in Bezug auf Ihren Zeitplan bzw. Ihren Aktivitäten kann dazu führen, dass Sie noch mehr Zeit mit dem Versuch verschwenden, die Situation zu beheben.

Sagen Sie Nein zu Multitasking

Multitasking bzw. Task-Hopping ist ein Produktivitätskiller. Der Irrglaube, dass das gleichzeitige Jonglieren von mehreren Aufgaben Ihnen dabei hilft, mehr zu erledigen, ist nicht wahr. Die Forschung zeigt, dass das gleichzeitige Ausführen mehrerer Aufgaben einen negativen Einfluss auf das menschliche Gehirn haben kann. Multitasking kann zudem zu einer geringeren Qualität der Arbeit führen. Außerdem verbrauchen Sie am Ende mehr Zeit mit Multitasking, da Ihr Gehirn versucht, zwischen zwei Aufgaben hin- und herzuwechseln.

Aus diesem Grund lautet die Lösung: Singletasking. Machen Sie es sich zur Gewohnheit, Aufgaben zu beginnen und zu beenden, bevor Sie zu einer anderen weitergehen. Sie können sich Zeitleisten, Meilensteine und Zeitnehmer setzen, um eine Aufgabe nach der anderen zu erledigen. Entwickeln Sie bewusst die Denkweise, sich auf eine Aufgabe zu konzentrieren.

Schützen Sie Ihre „In the Zone"-Zeit

Zu welcher Tageszeit sind Sie am produktivsten? Die beste Zeit, um eine anspruchsvolle Aufgabe durchzuführen, ist die Uhrzeit, zu der Sie geistig am aufmerksamsten sind. Sie können diese Zeit in Ihrem Kalender oder Ihrer To-Do-Liste einplanen.

Der Schutz Ihrer „In the Zone"-Zeit ist dasselbe wie das Verstehen Ihrer Muster. Wir alle haben Gewohnheiten, doch die Idee dabei ist, gesunde Gewohnheiten anzunehmen, die Sie darin unterstützen, Ihre persönliche Produktivität zu steigern. Jeder Mensch hat eine Tageszeit, in der er am produktivsten ist. Die beste Zeit, um bestimmte Aufgaben zu erledigen, sollte die Tageszeit sein, in der Sie Ihren Energieschub bekommen. Wenn Sie zum Beispiel morgens, nach dem Training, nach dem Mittagessen oder spät abends am besten denken können, dann erstellen Sie einen Zeitplan um diese Zeit herum. Es hängt jedoch von der Art des Ziels ab, das Sie erreichen möchten: persönlich oder beruflich.

Die Wissenschaft empfiehlt vier Stunden Arbeit pro Tag als Gesamtzeit, die Sie benötigen. Klingt absurd? Nun, dies bedeutet nicht unbedingt, dass Sie nur vier Stunden lang Aufgaben erledigen und zwanzig Stunden lang Spaß haben sollen. Das bedeutet, dass Sie Ihre produktivsten vier Stunden am Tag nutzen, um sich auf die wichtigsten Aufgaben zu konzentrieren. Die restlichen Stunden können Sie für die Lösung weniger anspruchsvoller Aufgaben verwenden.

Halten Sie Meetings knapp und präzise

Personalbesprechungen sind ein wesentlicher Bestandteil der strategischen Planung, der Neubewertung und der kontinuierlichen Arbeitsbewertung. Damit Mitarbeiterbesprechungen jedoch fruchtbar und produktiv sind, müssen diese straff ablaufen und festgelegten Verfahren folgen. Wenn Sie eine Besprechung ohne eine To-Do-Liste oder eine Agenda organisieren, dann kann es passieren, dass dieses Meeting endet, ohne dass konkrete Entscheidungen getroffen worden sind. Sie müssen klare Anweisungen für jede Besprechung geben und für jeden Punkt auf der Liste einen Zeitrahmen und Ziele festlegen.

Jede Besprechung muss pünktlich beginnen und enden. Außerdem haben manche Unternehmen die Angewohnheit, Besprechungen zu oft einzuberufen. Sie können einige Probleme lösen, ohne sich mit allen Teammitgliedern zu treffen. Einige Tools erleichtern die Verbreitung von Informationen und das Einholen von Feedback, ohne häufige Meetings einzuberufen. Trello, Zoom, Slack und Asana ermöglichen es Gruppen, Ideen zu besprechen und auszutauschen, ohne dazu die Arbeitszeit der Mitarbeiter zu sehr in Anspruch zu nehmen. Eine andere Strategie könnte darin bestehen, regelmäßige wöchentliche oder monatliche Besprechungen und Berichte zu planen, anstatt spontane Meetings einzuberufen.

Schaffen Sie Zeit für die Bearbeitung von E-Mails

E-Mails können eine große Ablenkungsquelle sein, und Sie müssen sich überlegen, wie Sie mit Ihren Nachrichten umgehen. Auch wenn Sie wichtige Nachrichten erhalten, so wollen Sie dennoch nicht, dass E-Mails Ihren täglichen Arbeitsablauf bestimmen. Das Problem bei der sofortigen Beantwortung von E-Mails besteht darin, dass Sie eher reaktiv als eigenverantwortlich Ihren Tag gestalten. Die Lösung lautet, eine bestimmte Zeitspanne für das Lesen und Beantworten von E-Mails einzuplanen.

Damit ich mich auf die produktivsten Aufgaben konzentrieren kann, lege ich normalerweise bestimmte Zeiten für die Beantwortung von E-Mails fest. In der Regel sind zwei bis drei Zeitfenster am Tag ideal für die Bearbeitung von E-Mails, jedoch nie während Ihrer produktiven Zeit.

Eine Strategie, die ich anwende, besteht darin, die E-Mails auszuwählen, die ich zu bestimmten Zeiten öffnen, lesen und beantworten möchte. Wenn Sie antworten, achten Sie darauf, dass die Antworten nicht länger als fünf Sätze sind, um Zeit zu sparen.

Schalten Sie Benachrichtigungen aus

Benachrichtigungen sind recht hilfreich, um Sie in Bezug auf E-Mails und Nachrichten in den sozialen Medien auf dem Laufenden zu halten. Benachrichtigungen können jedoch auch als große Ablenkungsquelle dienen und dazu führen, dass Sie den Fokus auf wichtige Aufgaben verlieren. Wichtige Benachrichtigungen können von Ihren E-Mail-Konten oder Social-Media-Feeds stammen. Um diese jedoch richtig zu verwalten, sollten Sie nur solche Benachrichtigungen aktivieren, die Sie bei Ihren Aufgaben und Zielen voranbringen, und selbst dann ist es vielleicht nicht notwendig, Benachrichtigungen auf Ihrem PC und allen Ihren Smart-Geräten zu aktivieren. Wenn Sie dies tun, dann erhöhen Sie nur die Wahrscheinlichkeit einer Ablenkung.

Alternativ können Sie Benachrichtigungen deaktivieren, wenn Sie an Ihren anspruchsvollsten Aufgaben arbeiten. Wenn Sie die Aufgabe abgeschlossen haben, können Sie die Push-Benachrichtigungen wieder aktivieren.

Achten Sie auf Ihre Social-Media-Nutzung

Facebook, Twitter, Instagram, SnapChat und Co. sind ein interessanter Zeitvertreib, der für viele Menschen verschiedene Zwecke erfüllt. Wenn Sie sich jedoch zu lange in sozialen Medien aufhalten, kann dies ablenkend wirken. Daher sollten Sie die Zeit, die Sie dort verbringen, bewusst begrenzen. Für einige Unternehmen sind Social-Media-Anwendungen jedoch Teil des Geschäfts. Wenn Sie als Social-Media-Manager arbeiten, Anzeigen schalten, einen eCommerce-Shop betreiben oder den Kundensupport betreuen, sollten Sie einen konkreten Plan für die Social-Media-Nutzung erstellen.

Was auch immer Sie mit den sozialen Medien machen wollen, erstellen Sie einen Aufgabenplan, der Ihre Social-Media-Nutzung einbezieht und Zeitpläne dafür erstellt. Arrangieren Sie Ihre Social-Media-Nutzung so, dass Sie produktivere Aktivitäten durchführen können. Wenn Sie Social-Media-Anwendungen eher als soziales Werkzeug nutzen, dann sollten Sie Ihr Nutzungsverhalten vernünftig gestalten.

Seien Sie nachsichtig mit sich selbst

Gönnen Sie sich etwas Ruhe, indem Sie Pufferzeiten in Ihren Zeitplan einbauen. Sie sind ein Mensch, und Ihr Gehirn braucht Zeit, um sich zu regenerieren. Das menschliche Gehirn ist keine Maschine, die zwanzig Stunden lang voll funktionsfähig ist. Bestimmte geistige und körperliche Funktionen des Gehirns benötigen Ruhe, damit Sie ihre Spitzenleistung aufrechterhalten können. Die Forschung zeigt, dass unser Gehirn im Durchschnitt 90 Minuten am Stück auf Hochtouren arbeiten kann, bevor seine Leistungsfähigkeit nachlässt. Nach dieser Zeit braucht Ihr Gehirn eine Form der Ablenkung, um motiviert und konzentriert zu bleiben.

Es ist kein Zeichen von Fleiß oder harter Arbeit, den ganzen Tag am Schreibtisch zu sitzen. Glücklicherweise tauchen im Laufe des Tages andere, nicht kritische Aufgaben bzw. Aktivitäten auf, und das kann die beste Zeit sein, um sich diesen nicht kritischen Dingen zu widmen. Wenn Sie sich jedoch von einer geistig anstrengenden Aufgabe oder Besprechung zur nächsten bewegen, ist das weder eine brillante Idee noch eine produktive Art zu leben. Helfen Sie Ihrem Körper stattdessen, seine Energie aufzutanken, indem Sie meditieren, spazieren gehen oder einfach nur Ihren Tagträumen nachhängen. Dies wird Ihnen dabei helfen, den Kopf freizubekommen.

Neben der Arbeit kann Ihnen ein Zeitpuffer genügend Zeit geben, um rechtzeitig zum nächsten Meeting zu kommen. Ihr Zeitplan sollte Puffer enthalten, die es Ihnen erlauben, von einer Aktivität zur anderen zu gelangen. Außerdem sollten die Puffer Ihnen ein wenig Zeit zum Entspannen und Herunterkommen geben. Planen Sie Ihre Aktivitäten wie folgt: ein großer Teil einer Aufgabe mit kleineren Pufferzeiten, in denen Sie sich entspannen können. Etwa 25 bis 30 Minuten Pufferzeit sind ideal.

Seien Sie fair zu sich selbst

Sie selbst sind der wichtigste Aspekt Ihres Arbeitsplans oder Ihrer Aufgabe. Ohne Sie würde keine Aufgabe erfüllt werden. Kümmern Sie sich deshalb gut um sich selbst. Wenn Sie krank werden, ausbrennen oder sterben, dann wird jemand anderes Ihren Platz einnehmen. Ihr Vermächtnis wird zwar weiterleben, doch Ihre Familie und Ihre Freunde werden den Schmerz über Ihr plötzliches Ableben ertragen müssen. Selbst wenn Sie nicht sterben, so werden gesundheitliche Komplikationen dennoch Ihre Produktivität verlangsamen und es Ihnen unmöglich machen, Ihre hochgesteckten Ideen und Ziele zu verfolgen.

Nehmen Sie sich Zeit, um sich zu entspannen, Spaß zu haben, regelmäßig Sport zu treiben, sich gesund zu ernähren und Zeit mit Familie und Freunden zu verbringen. Manchmal zahlt es sich aus, die Dinge zu tun, die Ihnen Spaß machen. Seien Sie egoistisch! Machen Sie Urlaub. Nutzen Sie letztendlich die Motivation und Erfahrung, um Ihre brillanten Ideen oder Aufgaben zu erledigen.

Ich habe ein geräumiges Büro mit einem Arbeitstisch, einen kleinen Konferenzraum und ein Wohnzimmer. Wenn ich anspruchsvolle Aufgaben erledige, entspanne ich mich manchmal für ein paar Minuten, indem ich ins Wohnzimmer gehe. Ich lege mich auf das Sofa, gönne mir etwas Ablenkung, indem ich mir eine Serie im Fernsehen ansehe, Musik höre oder eine Sitcom schaue. Ich mache irgendetwas anderes als zu arbeiten. Und wenn ich wieder an meinem Schreibtisch sitze, bin ich voller Tatendrang und bereit, loszulegen!

Wenden Sie die 80/20-Regel bzw. das Pareto-Prinzip an

Das 80/20-Gesetz besagt, dass 80 % Ihrer Ergebnisse bzw. Erfolge aus 20 % des aufgewendeten Aufwands resultieren. Heißt das also, dass Sie nur 20 % Ihrer Zeit mit Arbeit verbringen müssen? Oder sollten Sie nur einen Tag in der Woche zur Arbeit kommen, denn das sind ja schließlich 20 %? Nein!

Das Pareto-Prinzip bedeutet, dass Sie den entscheidenden Dingen, die Ihnen zum Erfolg verhelfen, mehr Aufmerksamkeit schenken sollten. Wenn Sie mehr Zeit auf die Dinge verwenden, die Ihnen mehr Ergebnisse bringen, dann können Sie regelrecht beobachten, wie Ihre Produktivität in die Höhe schießt. Was passiert also mit den weniger kritischen oder kleineren Dingen? Ignorieren Sie sie!

Sie können das Pareto-Prinzip auch auf jeden Aspekt Ihres Lebens anwenden. Marketing-Experten wenden ebenfalls die 80/20-Regel an. Im Marketing gilt: 80 % des Gewinns kommen von 20 % der Kunden. Im Bereich Personalwesen und Mitarbeiterbeziehungen werden 80 % der produktivsten Aufgaben von 20 % der Mitarbeiter erledigt. Für die Selbstentwicklung und das Zeitmanagement gilt: 80 % Ihrer Erfolge resultieren aus 20 % Ihrer Bemühungen oder Aktionen.

Aus diesem Grund können Sie durch die Anwendung des 80/20-Prinzips die Produktivität in den Bereichen steigern, die sich auf Ihr Endergebnis auswirken. Auf diese Weise finden Sie heraus, wie Sie Ihren Mitarbeitern Aufgaben zuweisen und wie Sie ihnen dabei helfen können, sich zu verbessern. Außerdem können Sie dadurch besser verstehen, auf welche Bereiche Sie mehr Zeit verwenden und welche Sie verbessern sollten. Im Marketing-Bereich kann das Pareto-Prinzip Sie darin unterstützen, Ihren Kundenstamm zu straffen, um sich auf die Betreuung der gewinnbringendsten Kunden zu konzentrieren. Dann können Sie eine Strategie ausarbeiten, wie Sie die weniger gewinnbringenden Interessenten oder Kunden konvertieren.

10 schlechte Angewohnheiten, die Ihre Produktivität zunichtemachen

- Zu viel Zeit für eine einzige Aufgabe aufwenden, auch wenn diese weniger Zeit in Anspruch nehmen kann.
- Verschlafen der Morgenstunden, anstatt den Tag zu planen.
- Im Internet surfen, ohne einen klaren Plan zu haben.

- Ihren Tag nicht planen oder keine Prioritäten setzen.
- Stundenlanges Arbeiten mit Blick auf den PC-Bildschirm, ohne eine nicht arbeitsbezogene Pause einzulegen.
- Ungesunde Essgewohnheiten pflegen, wie das Auslassen von Mahlzeiten oder eine falsche Ernährungsweise.
- Jahrelanges Warten auf den perfekten Zeitpunkt, um mit der Verfolgung Ihrer Ziele zu beginnen.
- Ausreden dafür finden, dass Sie Ihre Träume nicht verfolgen oder verwirklichen.
- Nur an dringenden Aufgaben arbeiten und die wichtigen oder nicht dringenden Aufgaben unerledigt lassen.
- Aufgaben bis zur letzten Minute aufschieben, bevor sie ausgeführt werden.

Zusammenfassung des Kapitels

In Kapitel fünf haben wir uns mit den folgenden Konzepten beschäftigt:

- Die Zeit ist begrenzt, doch jeder Mensch hat täglich die gleiche Anzahl von 24 Stunden.
- Erfolgreiche Menschen haben die gleiche Anzahl von Stunden wie weniger erfolgreiche, die Unterschiede liegen jedoch darin, wie die erfolgreichen Menschen ihre Zeit verwalten.
- Erfolgreiche Menschen erstellen einen Zeitplan, um ihre Zeit effektiv zu verwalten.
- Teilen Sie Aufgaben immer in klcinere, realisierbare Einheiten auf.
- Planen Sie im Voraus, entweder am Abend vor Feierabend oder am Morgen vor Arbeitsbeginn.
- Multitasking ist kein Zeichen von Effizienz, sondern trägt nur dazu bei, minderwertige Arbeit zu produzieren.
- Vermeiden Sie es, produktive Zeit mit sozialen Medien oder E-Mails zu verbringen, da dies Sie vom Erreichen Ihrer Ziele abbringen kann.
- Gönnen Sie sich einige nicht arbeitsbezogene Pausen.

- Organisieren Sie Ihren Zeitplan immer so, dass Sie zwischen den einzelnen wichtigen Aufgaben kurze Pausen von 25 Minuten einlegen.
- Praktizieren Sie das Pareto-Prinzip bzw. die 80/20-Regel, die besagt, dass 80 % Ihres Erfolges aus 20 % des Aufwandes, den Sie investieren, resultieren.
- Übermäßiger Schlaf in den Morgenstunden, zu viel Zeit mit einer einzigen Aufgabe zu verbringen und vieles mehr sind einige der negativen Angewohnheiten, die Ihr Produktivitätsniveau beeinflussen.

Im nächsten Kapitel lernen Sie die drei Säulen der Produktivität kennen, die Sie benötigen, um ein Leistungsträger zu werden.

KAPITEL SECHS

Die 3 Säulen der Produktivität, die Sie benötigen, um Ihr volles Potenzial freizusetzen

Sie haben das Zeug dazu, produktiver zu sein und unbegrenzte Erfolgserlebnisse zu haben. Dies erfordert jedoch einen starken Wunsch, eine Entscheidung, Taten sowie einige Produktivitäts-Strategien, um erfolgreich zu sein. Der TEA ist ein Produktivitätsrahmen, der das Potenzial hat, Sie Ihren Zielen näher zu bringen. Es wird Ihnen dabei helfen, Ihre Zeit, Energie und Aufmerksamkeit effektiver zu verwalten, damit Sie die Herausforderungen auf dem Weg zur Erfüllung Ihrer Träume meistern können.

Eine in der New York Times veröffentlichte Umfrage ergab, dass 81 % der Amerikaner mit dem Gedanken spielen, ein Buch zu schreiben. Diese Umfrage fand heraus, dass, wenn diese Menschen ihre Träume verfolgt hätten, mindestens 200 Millionen Bücher geschrieben worden wären. Allerdings schaffen es jährlich nur 80.000 Menschen, ihr Werk zu schreiben und zu veröffentlichen. Die oben genannte Zahl entspricht 0,04 % derjenigen, die ein Buch veröffentlichen möchten. Die restlichen Menschen sprechen lediglich von ihrem Traum, ein Buch zu schreiben.

Was hält eigentlich die meisten Menschen davon ab, ihr volles Potenzial im Leben zu erreichen? Der einfachste Weg, um diese Frage zu beantworten, ist anhand des TEA-Rahmenkonzepts. Die andere Antwort ist, dass diejenigen, die sich in ihrem Metier auszeichnen, das Erreichen ihrer Ziele zu einer Sache der Gewohnheit machen und nicht zu einer Sache, die lediglich auf ihrem Wunschzettel steht. Solche Menschen verpflichten sich zu ihren Zielen, legen einen Aktionsplan fest und weigern sich, irgendeine Ausrede zuzulassen, die sie vom Erreichen ihrer Ziele abhält. Erfolgreiche Menschen sind eingefleischte Macher und keine Zauderer. Auch Sie werden produktiver, wenn Sie lernen, wie Sie Ihre Zeit, Aufmerksamkeit und Energie am besten verwalten können. Also, was ist das TEA-Rahmenkonzept?

TEA: Das Drei-Hindernisse-Rahmenwerk zur Produktivitätssteigerung

Hindernisse und Herausforderungen sind real. Diese drei einfachen Kategorien erklären die Hindernisse, denen wir in unserem Leben begegnen:

- Time (Zeit)
- Energy (Energie)
- Attention (Aufmerksamkeit)

Das TEA-Rahmenkonzept ist ein leistungsfähiges Werkzeug, das dem Einzelnen dabei hilft, die Hindernisse selbst zu identifizieren, die sie daran hindern, ihr wahres Potenzial zu erreichen. Sobald wir dazu in der Lage sind, diese Herausforderungen zu erkennen, können wir uns besser auf unsere wichtigsten Aufgaben konzentrieren. In der Regel sind das die Aufgaben, die einen massiven Einfluss auf unser Endergebnis haben werden.

Kategorie 1: Energie und Aufmerksamkeit, aber keine Zeit

Zeit ist ein wesentlicher Faktor für den Erfolg, und jeder, der Erfolg haben will, muss wissen, wie er die Zeit zu seinen Gunsten manipulieren kann. Diejenigen, die zu dieser Kategorie gehören, verfügen jedoch über die Energie, den Wunsch und die Leidenschaft, die ihnen zum Erfolg verhelfen. Solche Menschen glauben, dass sie nicht genug Zeit haben, um die Dinge richtig zu erledigen. So entwickeln sie die Mentalität eines Menschen, der feststeckt oder gefangen ist. Dieses Gefühl der Unzulänglichkeit führt dazu, dass Personen, die in diese Kategorie fallen, Aufgaben willkürlich ausführen, Aufgaben aufschieben oder sich ganz aus der Verantwortung stehlen. Wenn Sie diese Art von Mentalität entwickeln, spiegelt sich das folgendermaßen wider:

- Es gibt so viel zu tun und so wenig Zeit, um die Dinge zu erledigen.
- Es wäre schön gewesen, wenn ich mehr als 24 Stunden Zeit gehabt hätte.
- Es scheint, dass die Zeit immer schneller vergeht.

Der beste Weg, um Menschen zu beschreiben, die keine Zeit, aber Energie und Aufmerksamkeit haben, ist ... überfordert. Wenn Sie an den Punkt kommen, an dem Sie sich überfordert fühlen, und nicht vorsichtig sind, fallen alle Dinge in Ihrem Leben in sich zusammen wie ein Kartenhaus. Dies ist der Punkt, an dem die Produktivität zu sinken beginnt.

Manchmal liegt es nicht daran, dass Sie nicht genug Zeit haben, um Aufgaben zu erledigen. Es könnte daran liegen, dass Sie keinen guten Zeitplan oder keine To-Do-Liste haben. In anderen Fällen könnte es sein, dass die Person die Aufgabe so lange aufgeschoben hat, bis sie keine Zeit mehr hat. Außerdem übernehmen manche Menschen mehr Verantwortung, als sie bewältigen können. Anstatt einen Teil der Aufgaben zu delegieren, versuchen sie, alles selbst zu bewältigen, bis die Dinge schief laufen. In anderen Fällen kann es sein, dass die Aufgaben in Wirklichkeit größer sind, als die Person in dem vorgesehenen Zeitrahmen bewältigen kann. In dieser Situation benötigt die Person einen realistischeren und flexibleren Zeitplan, um die Aufgabe zu beginnen und zu beenden.

Andere Szenarien sind z. B. ein Angestellter, der morgens recht früh zur Arbeit geht und erst spät abends von der Arbeit zurückkehrt. Oder nehmen wir einen Lieferanten, der täglich zu viele Fahrten unternimmt und versucht, Waren an Kunden in weit entfernten Orten zu liefern. Oder eine Mutter aus der Arbeiterklasse mit einem 9-bis-5-Job, Kindern, die versorgt werden müssen, und einem Studium, das abgeschlossen werden muss. All diese Menschen fühlen sich oftmals überfordert. Eines ist all den oben genannten Personen gemeinsam. Sie alle haben die Energie, Dinge zu erledigen und ihrem Job Aufmerksamkeit zu schenken, fühlen sich aber aufgrund der begrenzten Zeit immer wieder überfordert.

Die drei Komponenten eines effektiven Zeitmanagements

Zeit existiert nicht in einem Vakuum, sondern kann quantifiziert werden. Die Qualität jeder Sekunde, die Sie nutzen, hängt davon ab, ob sie Sie Ihren Zielen näher bringt oder nicht. Deshalb funktioniert die Zeit in den folgenden Situationen am besten:

1. Systeme

Das Leben ist eine Kombination aus Strukturen bzw. Systemen, die voneinander abhängig und untereinander verzweigt sind. Jedes dieser Systeme beeinflusst die anderen auf einzigartige Weise. Ihre Fähigkeit, diese Systeme zu verstehen und zu manipulieren bzw. zu nutzen, um Ihre Ziele zu erreichen, wird Ihren Erfolg bestimmen. Zum Beispiel können Ihnen technische Lösungen entweder dabei helfen, Fortschritte zu machen, oder eine Ablenkung darstellen, je nachdem, wie Sie sie einsetzen. Der Staat und seine Behörden schaffen eine Umgebung, die es Unternehmen oder Einzelpersonen ermöglicht, erfolgreich zu sein. Wenn Sie jedoch mit dem Gesetz in Konflikt geraten sind, kann dies zu Ihrem schlimmsten Albtraum werden.

Eine Organisationsstruktur mit entsprechenden Befehlsketten kann hilfreich sein, um ein Unternehmen zum Erfolg zu führen. Wenn eine Organisation oder eine Einzelperson Systeme um ihre Geschäftsabläufe herum aufbaut, erhöht sie ihre Erfolgschancen.

2. Strategien

Eine Strategie ist ein Werkzeug, das von sehr erfolgreichen Menschen zur Steigerung ihrer Leistung verwendet wird. Es handelt sich hierbei um einen Schlachtplan, einen Kompass oder einen Fahrplan, um in Ihrem persönlichen oder geschäftlichen Leben dorthin zu gelangen, wo Sie hinwollen. Um die Schlacht des Lebens zu gewinnen, brauchen Sie eine Strategie. Ihre Strategie bestimmt die Art des Ergebnisses, das Sie aus einer bestimmten Aufgabe oder Situation erzielen.

Um bei einer bestimmten Sache erfolgreich zu sein, müssen Sie bereit dafür sein, Ihre Herangehensweise zu ändern, wenn der aktuelle Ansatz zu einem Stolperstein für Ihren Fortschritt wird. Wenn das Abrufen Ihrer E-Mails Sie nur von Ihren wichtigen Aufgaben ablenkt, dann kann es eine kluge Entscheidung sein, wenn Sie das Lesen von E-Mails auf eine bestimmte Zeit beschränken.

3. Menschen

Systeme und Strategien erleichtern es Ihnen, Ihre Ziele effizient zu erreichen, doch die Zusammenarbeit mit Menschen ist etwas komplett anderes. Um erfolgreich zu sein, müssen Sie Systeme und Strategien einbeziehen. Die Art und Weise, wie Sie mit Menschen umgehen, entscheidet darüber, ob eine Strategie funktioniert oder scheitert.

Systeme drehen sich um Menschen, da Menschen diejenigen sind, die die Systeme umsetzen. Um in der Zusammenarbeit mit Menschen erfolgreich zu sein, benötigen Sie effektive Kommunikation, Teamwork und die Fähigkeit zu delegieren. Sie sollten dazu in der Lage sein, Aufgaben auszulagern, Erwartungen festzulegen, einen Aktionsplan zu erstellen und Raum für Kreativität zu geben. Menschen arbeiten effektiver, wenn sie sich in ein System eingebunden fühlen, den Prozess anerkennen und sich damit identifizieren können.

Strategien, wie Sie Ihre Zeit ausdehnen können

Was kann also eine motivierte Person, die keine Zeit hat, tun? Diese einfachen Strategien können Ihnen dabei helfen, ausreichend Zeit zu schaffen, um die Dinge zu erledigen:

1. **Planen Sie tägliche Aufgaben in Ihrem Kalender**

   Erstellen Sie einen Tagesplan mit allen Aufgaben, die Sie erledigen müssen und weisen Sie jeder Aufgabe eine bestimmte Zeit zu. Nehmen Sie einen Kalender wie das persönliche Kanban-Board, Ihren Google-Kalender oder Outlook zur Hilfe, um Ihren Tagesplan zu erstellen. Wenn Sie einen Tagesplan erstellen, denken Sie daran, genügend Pufferzeit einzuplanen. Teilen Sie außerdem die Verantwortlichkeiten in kleinere, überschaubare Aufgaben auf. Laden Sie sich selbst nicht übermäßig viele To-Dos auf, sondern bauen Sie ebenfalls Zeit für Familie und Freunde in Ihr Programm ein.

   Ziehen Sie Ihre Pläne durch und vermeiden Sie es, Dinge bis zur letzten Minute aufzuschieben.

2. **Zuständigkeiten**

   Tatsache ist, dass Sie nur so viel tun können, wie eine einzelne Person eben tun kann. Da Sie nicht übermenschlich sind, müssen Sie sich von Zeit zu Zeit auf andere Menschen verlassen, um gewisse Dinge zu erledigen. Sie müssen die Kunst des Delegierens und des Outsourcings lernen, wo es nötig ist.

3. **Entlasten Sie Ihren Zeitplan**

   Einige Aufgaben auf Ihrer To-Do-Liste stehen schon seit Ewigkeiten da, ohne dass Sie etwas unternommen haben.

Leider nehmen diese Aufgaben wertvollen Platz für die Bearbeitung anderer sinnvoller Aufgaben weg. Wenn Sie Ihren Zeitplan entrümpeln, haben Sie mehr Platz, um wichtige Aufgaben zu erledigen. Gleichzeitig beauftragen Sie andere mit der Erledigung der restlichen Aufgaben. Sie sind vielleicht ein ausgezeichneter Arbeiter, der klug und organisiert ist. Wenn Sie jedoch den Großteil Ihrer Zeit mit den weniger wichtigen Aufgaben verbringen, sind Sie vielleicht effizient, aber nicht produktiv (effektiv) genug.

4. Erstellen Sie ein System zur Zeiteinteilung

Wenn Sie praktikable Systeme mit Zeitplänen zur Erledigung aller Aufgaben erstellen, können Sie Ihre Zeit besser für wichtige Aufgaben verwenden. Sie möchten mehr erledigen, doch dies kann unmöglich geschehen, ohne anderen Personen Aufgaben zuzuweisen. Sie müssen lernen, wie Sie das, was Sie (an Zeit) haben, nutzen können.

Effektives Zeitmanagement ist mehr als das Ausfüllen Ihres Tages mit Arbeitsaufgaben. Effektives Zeitmanagement beinhaltet, einfach, systematisch und rechtzeitig zu arbeiten, jedoch auch zu wissen, wann man mit dem Arbeiten aufhören muss. Um sich in Ihrem Bereich auszuzeichnen, müssen Sie ein System bzw. eine Routine schaffen, die gut funktioniert, und lernen, sich daran zu halten.

Kategorie 2: Sie haben Zeit und Aufmerksamkeit, aber keine Energie

Wenn einer Person die Energie zur Erledigung von Aufgaben fehlt, beginnt sie, sich frustriert zu fühlen. Solche Menschen haben zwar die Zeit und die Aufmerksamkeit, um die Aufgabe zu erledigen, sie benötigen jedoch Energie. Ein Mangel an Energie kann zu Demotivation, Prokrastination und mehr führen. Am Ende führen solche Menschen ihre primären Aufgaben nicht aus. Eine ausgebrannte Person sagt in so einem Fall manchmal: „Ich bin müde, schwach oder erschöpft und habe keine Lust, etwas zu tun." Oder sie sagt: „Ich schaffe das nicht."

Beispiele für Menschen mit Zeit und Aufmerksamkeit ohne Energie sind die folgenden:

- Ein Professor mit bahnbrechenden Forschungsideen, der aber scheinbar nicht in der Lage ist, die Puzzleteile zusammenzufügen, um an die Öffentlichkeit zu gehen.
- Der insgesamt beste Marketing-Verkäufer (drei Jahre in Folge) in Ihrer Abteilung, der Ihre Marketing-Erwartungen nicht mehr erfüllen kann.
- Ein Mitarbeiter, dem Sie die Erledigung größerer Aufgaben scheinbar nicht zutrauen können.

„Der Schlüssel, der Energie freisetzt, ist das Verlangen. Dies ist auch der Schlüssel zu einem langen und interessanten Leben. Wenn wir erwarten, irgendeinen Antrieb, irgendeine wirkliche Kraft in uns selbst zu erzeugen, müssen wir uns begeistern."
– Earl Nightingale

Sie können alle Abschlüsse der Welt haben, alle Arbeitswerkzeuge kaufen, doch ohne Elan oder Energie kommen Sie nirgends hin. Wenn eine Person ihren Antrieb verliert oder erschöpft ist, ist es selbst mit ausreichend Zeit und Aufmerksamkeit fast unmöglich, noch effizient zu arbeiten. Es bedarf also einiger Anpassungen, um Ihre Produktivität zu steigern, wenn Ihr Energieniveau sinkt.

Einfache Strategien, um einen Energieschub nach einem Rückschlag zu erhalten

Der öffentliche Redner Tony Swartz sagt, dass wir zwar alle die gleiche Anzahl an Stunden pro Tag hätten, doch dass unser Energieniveau, die Qualität und die Quantität unserer Arbeit von uns selbst abhängen würden.

Die folgenden Ideen werden Ihnen dabei helfen, Ihr Energieniveau zu steigern:

- Gönnen Sie sich ausreichend Schlaf, anstatt nachts lange aufzubleiben und einen Film zu schauen. Dies wird Ihnen helfen, sich zu regenerieren bzw. Ihre Energie wiederzuerlangen. An jedem Tag haben Sie 24 Stunden Zeit und diese Zeitdauer hat sich in der Geschichte der Menschheit nicht ein einziges Mal verringert oder erhöht. Ihr Energieniveau hingegen schwankt. Das Energieniveau kann schnell ansteigen oder abfallen.
- Erfolgreiche Menschen wissen, wie wichtig es ist, sich ihre Energie zu bewahren. Wenn Sie Ihre gesamte Energie für eine Aufgabe aufwenden, ohne sich eine Auszeit zu gönnen, kann dies zu Burnouts oder minderwertigen Arbeitsergebnissen führen. Selbst wenn Sie davon ausgehen, dass Sie sich noch zur Arbeit antreiben können, werden Sie am Ende minderwertige Arbeit leisten und unmotiviert sein.
- Lesen Sie Bücher, die Ihnen dabei helfen, sich zu motivieren und die Ihnen Hinweise geben, wie Sie sich persönlich weiterentwickeln können. Wenn Sie geeignetes Material lesen, können Sie Ihr Energieniveau steigern, indem Sie sich inspirieren lassen oder herausfinden, was Sie falsch machen. Dieses Buch ist eine wichtige Anlaufstelle, um herauszufinden, wie Sie Ihr Energieniveau steigern können.
- Nehmen Sie sich Zeit, um Sport zu treiben, denn körperliche Bewegung versorgt Ihren Körper mit Energie.
- Teilen Sie große Aufgaben in kleinere, überschaubare Aufgaben ein und beschränken Sie sich auf eine einzige Aufgabe, statt Multitasking zu betreiben.
- Machen Sie oft Pausen von der Arbeit.
- Wenn Sie die richtigen Lebensmittel zu sich nehmen, können Sie ebenfalls Ihr Energielevel erhöhen.

Um produktiv zu bleiben, müssen Sie Ihre Zeit sinnvoll nutzen und Ihre Energie auf die Erledigung der richtigen Aufgaben lenken. Echter Fortschritt entsteht nicht dadurch, dass Sie versuchen, so viel wie möglich zu tun, sondern dadurch, dass Sie sicherstellen, dass die kleinen Aufgaben, die Sie erledigen, sich zum Besten entwickeln.

Kategorie 3: Sie haben Zeit und Energie, aber keine Aufmerksamkeit

Eine niedrige Aufmerksamkeitsspanne führt in der Regel dazu, dass Sie sich durch Ihre Aufgaben überfordert fühlen. Eine ausgeprägte Fähigkeit zur Aufmerksamkeit zu haben, geht über die Konzentration auf die Erledigung von Aufgaben hinaus. Die Fähigkeit, sich zu fokussieren bzw. genauer hinzusehen, prägt die wichtigsten Entscheidungen und Erfolge im Leben. Hier sind Beispiele für Aussagen von Menschen, die Probleme dabei haben, ihre Konzentration aufrechtzuerhalten:

- Wo soll ich anfangen?
- Es gibt so viel zu tun, ich weiß gar nicht, wo ich anfangen soll.
- Wow! Wie die Zeit vergeht!
- Wenn die Tage länger wären, könnte ich mehr Aufgaben erledigen.

Eine anhaltende Aufmerksamkeit hilft Ihnen dabei, bei jeder Aufgabe im Laufe der Zeit Erfolge zu erzielen. Sobald Sie in der Lage sind, eine einzelne Aufgabe zu erledigen und dabei nicht die Konzentration zu verlieren, werden Sie größere Erfolge erzielen. Eine gesunde Aufmerksamkeit erfordert die optimale Nutzung Ihrer Zeit und Energie, um definierte Aufgaben erfolgreich zu erledigen. Die Fähigkeit, sich zu konzentrieren bzw. auf die Dinge zu achten, die wichtig und nicht dringend sind, wird den Unterschied ausmachen.

Beispiel für Menschen, die viel Energie und Zeit haben, aber keine Aufmerksamkeit

- Ein Universitätsprofessor, der seine Zeit damit verbringt, mit Studenten zu plaudern, anstatt Vorlesungen zu halten oder Feldforschung für Seminarpräsentationen zu betreiben.
- Eine Person, die den Plan hat, eine Nichtregierungsorganisation zu gründen, um sich um die Bedürfnisse von Flüchtlingen zu kümmern, aber am Ende nur redet, ohne etwas zu unternehmen.
- Ein Musikkomponist, der die meiste Zeit damit verbringt, Songs zu schreiben, ohne diese zu verkaufen oder einen Song zu veröffentlichen.

Einfache Strategien zur Steigerung Ihrer Aufmerksamkeit

Eine Person, die zwar Zeit und Energie für die Arbeit hat, aber nicht aufpassen kann, nennt man „abgelenkt". Dies können Sie tun, um Ihre Aufmerksamkeit zu steigern:

- Bereiten Sie Ihren Arbeitsplatz für die Aufgabe des Tages vor, indem Sie Ihren Schreibtisch aufräumen.
- Bevor Sie Feierabend machen, sollten Sie einen Plan oder eine To-Do-Liste für die morgige Aufgabe erstellen.
- Verwenden Sie ein persönliches Kanban-Board, um sich ein geistiges Bild von den Dingen zu machen, die Sie bis zum nächsten Tag erreichen wollen. Auf diese Weise motivieren Sie sich selbst und bereiten Ihren Geist auf Singletasking vor.
- Schalten Sie die „Nicht stören"-Funktion ein, um Ablenkungen zu minimieren, sobald Sie mit einer wichtigen Aufgabe beginnen.
- Nutzen Sie das Pareto-Prinzip bzw. die 80/20-Regel, um Ihre Aufmerksamkeit auf die 20 % der Bemühungen zu lenken, die Ihnen zum Erfolg verhelfen. Denken Sie daran,

dass 20 % des Arbeitsaufwands 80 % der Ergebnisse erzeugt.

- Fokus – Um Ihre Konzentrationsfähigkeit zu erhöhen, müssen Sie Wege finden, um Ablenkungen zu vermeiden.
- Ziele – Identifizieren Sie, welche Fähigkeit Sie erlernen müssen bzw. welche Aktivität Sie Ihrem Ziel näher bringen kann. Erstellen Sie einen Aktionsplan und machen Sie sich an die Arbeit, diesen Plan auch in die Tat umzusetzen.
- Denkweise – Gewohnheiten und Glaubenssysteme können Ihre Produktivität beeinflussen. Identifizieren Sie jene Eigenschaften, die Ihnen nicht dabei helfen, Ihre Ziele zu erreichen.

Zusammenfassung des Kapitels

In diesem Kapitel haben wir folgende Dinge besprochen:

- Die Steigerung Ihrer Produktivität geschieht nicht durch Zufall. Es braucht Hingabe, Planung und die TEA-Prinzipien, um erfolgreich zu sein.
- Zeit, Energie und Aufmerksamkeit sind die drei Säulen für eine verbesserte Produktivität.
- Es gibt zigmal mehr Träumer bzw. Menschen, die nur über ihre Ziele reden, als solche, die sie in die Tat umsetzen.
- Hochproduktive Menschen sind eingefleischte Macher, keine Träumer oder Zauderer.
- Das TEA-Framework ist ein leistungsfähiges Werkzeug, das Ihnen hilft zu diagnostizieren, welche Dinge Sie daran hindern, Ihr wahres Potenzial zu erreichen.
- Manche Menschen haben viel Energie und schenken einer Aufgabe viel Aufmerksamkeit, haben jedoch keine Zeit.
- Wenn Menschen, die keine Zeit, jedoch Energie und Aufmerksamkeit haben, lernen können, Prioritäten zu setzen und ihre Zeit effektiv zu verwalten, dann werden sie produktiver.
- Menschen, die glauben, keine Zeit zu haben, verhalten sich so, als ob sie feststecken oder in ihrem Leben gefangen

sind. Das beste Wort, um solche Menschen zu beschreiben, ist „überfordert".

- Die Schaffung von Systemen, die Entwicklung von Strategien sowie die effektive Zusammenarbeit mit anderen Menschen sind die drei großen Lösungen zur Verbesserung Ihrer Zeiteffizienz.

- Um Zeit effektiv zu nutzen, müssen Sie organisieren, delegieren und Ihren Zeitplan entrümpeln.

- Eine andere Kategorie von Menschen verfügt über Zeit und Aufmerksamkeit, hat jedoch keine Energie.

- Menschen, die die Zeit haben, um Aufgaben auszuführen, und sich konzentrieren können, aber keine Energie haben, um diese Projekte auch umzusetzen, werden sich frustriert fühlen.

- Der Mangel an Energie kann zu einem Verlust an Antriebskraft und zu Demotivation oder Prokrastination führen.

- Ausreichend Schlaf, die Lektüre der richtigen Bücher, Bewegung, gesunde Ernährung, Pausen von der Arbeit sowie das Aufteilen von Aufgaben in kleinere Brocken werden Ihnen dabei helfen, Ihre Energie zurückzugewinnen.

- Eine andere Kategorie von Menschen hat Zeit und Energie zum Arbeiten, jedoch keine Aufmerksamkeit für Details.

- Wenn Sie eine niedrige Aufmerksamkeitsspanne haben, können Sie das Gefühl bekommen, überfordert zu sein.

- Fokussierung und ununterbrochene Aufmerksamkeit helfen Ihnen dabei, sich bei jeder Aufgabe zu verbessern.

- Wenn Sie eine Aufgabe erfolgreich beginnen und beenden, führt dies zu Effektivität und Effizienz.

- Systeme und Strategien sind die Bausteine eines erfolgreichen Zeitmanagements, doch Sie benötigen Menschen, damit alles klappt.

- Wenn Sie ein funktionierendes Team haben, dann werden Sie bei jeder Aufgabe erfolgreich sein.

- Kommunikation, klare Anweisungen und effektive Mitarbeiterführung sind die Werkzeuge für Erfolg und erhöhte Produktivität.

- Um Ihre Aufmerksamkeit zu erhöhen, sollten Sie alle Dinge eliminieren, die Ablenkungen verursachen, wie soziale Medien und E-Mails. Verwenden Sie die „Nicht stören"-Funktion, um alle Ablenkungen zu beseitigen.
- Arbeiten Sie immer mit einem Zeitplan und planen Sie Ihre Aktivitäten für den nächsten Tag, bevor Sie das Büro verlassen.
- Beim Thema Produktivität geht es nicht darum, so viel wie möglich zu erledigen, sondern darum, jede Aufgabe effizient und effektiv zu beenden.

Im nächsten Kapitel lernen Sie Gewohnheiten kennen, um Ihre körperliche und geistige Energie zu steigern.

KAPITEL SIEBEN

Gewohnheiten zur Steigerung Ihrer körperlichen und geistigen Energie

Ihre Energie ist das wichtigste Mittel, um Ihre Träume in die Realität umzusetzen. Wenn uns die Möglichkeit gegeben wird, wollen wir alle unsere Ziele erreichen. Das Erreichen von Zielen ist ein wesentlicher Bestandteil der menschlichen Existenz, doch wie viele Menschen erreichen wirklich ihre Lebensziele? Wie viele haben das Zeug dazu und auch die nötige körperliche und geistige Wachheit, um ihre Ziele zu verwirklichen? Oftmals fehlt es den Menschen an Willenskraft, Elan oder Motivation, um ihre Träume zu verwirklichen. Diese Defizite stehen in direktem Zusammenhang mit dem Mangel an körperlicher und geistiger Energie, die jeder Mensch benötigt, um zur Tat schreiten zu können.

Unser Verstand ist eines der größten Werkzeuge, die jeder Mensch besitzt. Um Energien wie Selbstvertrauen, Glück, Fokus, Motivation, gesteigerte Willenskraft und Produktivität voll zu aktivieren, muss unser Verstand in Höchstform sein. Ihr Gedankenmuster beeinflusst Ihre Leistung und kann manchmal sogar bestimmen, wie andere Menschen Sie sehen. Wenn Sie glückliche Gedanken haben, werden Sie mit der Zeit immer zufriedener. Wenn Sie selbstbewusst sind, beginnt sich das auf Ihr äußeres Erscheinungsbild zu übertragen.

Wenn Sie in einem Vorhaben erfolgreich sein wollen, brauchen Sie eine starke mentale Energie. Oftmals stellen Menschen im Laufe der Zeit fest, dass sie den Schwung verlieren und nichts mehr zustande bringen. Was ihnen fehlt, ist die erforderliche geistige und körperliche Energie, um ihre Träume zu verfolgen. Jede Fähigkeit entwickelt sich jedoch zu einer Gewohnheit, wenn man sich die nötige Zeit nimmt, um diese Gewohnheiten zu erlernen und zu erwerben. Die mentale und physische Wachsamkeit ist eine Funktion bestimmter Gewohnheiten, die Menschen entwickeln. Wenn Sie eine Person mit geringer Motivation, mangelndem Selbstvertrauen, geringer körperlicher und geistiger Energie sehen, hat das manchmal mit den Gewohnheiten dieser Person zu tun. Es gibt energievernichtende und energiefördernde Gewohnheiten, und die, die Sie sich zu eigen machen, bestimmen, wie produktiv Sie werden können.

„Die erste Voraussetzung für den Erfolg ist die Fähigkeit, Ihre körperlichen und geistigen Energien ununterbrochen auf ein Problem anzuwenden, ohne dabei müde zu werden."
– Charles Caleb Colton

Sie müssen Ihrem Leben ständig neue Energieflüsse zuführen, um in Ihrem persönlichen und beruflichen Streben ausgeglichen zu bleiben. Doch um diese neuen Energien zu einem Teil Ihrer DNA zu machen, müssen Sie einem Prozess folgen, positive Gewohnheiten entwickeln und sich immer aktiv verhalten.

Vor diesem Hintergrund finden Sie hier bewährte Gewohnheiten, die Sie auf den richtigen Weg bringen:

10 leistungsstarke physische und mentale Energie-Tricks

Packen Sie die Sache an, die Sie am meisten fürchten

Wenn Sie die Sache als Erstes angehen, vor der Sie sich am meisten fürchten, dann verleiht Ihnen das Selbstvertrauen und die Energie, sich für den Rest des Tages mit anderen, weniger kritischen Aufgaben zu beschäftigen. Dieser erste Erfolg bietet Ihnen Motivation und eine Gelegenheit zum Durchatmen. Sobald Sie mit der ersten Aufgabe Erfolg haben, sinkt die Wahrscheinlichkeit, dass Sie andere, weniger kritische Aufgaben prokrastinieren.

Visualisieren Sie vor dem Zubettgehen

Die Gedanken, die Sie mit ins Bett nehmen, sind entscheidend für Ihre Stimmungslage am nächsten Tag. Nichts ist wichtiger als Ihr Gemütszustand, kurz bevor Sie zum Schlafen ins Bett gehen. Ihre Gedanken versetzen Sie in den richtigen Geisteszustand, wenn Sie aufwachen. Indem Sie vor dem Schlafengehen Möglichkeiten visualisieren, stellen Sie eine direkte Verbindung zwischen Freude und Aufwachen her.

Eine positive Geisteshaltung verleiht Ihnen die Energie, die Sie benötigen, um den Tag zu beginnen. Diese trägt zur Verbesserung der Qualität Ihres Tages bei und steigert Ihr Selbstvertrauen. Dieses hohe Energielevel kann sich wiederum auf jede andere Aktivität auswirken, die Sie im Laufe des Tages unternehmen.

Visualisierungen funktionieren jedoch dann am besten, wenn Sie einen Aktionsplan für jeden Tag haben und den Vorabend nutzen, um die Aktivitäten des nächsten Tages zu planen. Dieser Plan dient Ihnen somit als Motivator.

Machen Sie Ihren Kopf frei

Es stimmt, dass die nicht enden wollenden Dinge auf Ihrer To-Do-Liste dazu führen können, dass Sie sich überfordert fühlen und Ihr Geist völlig blockiert ist. Außerdem kann es aufgrund der Technologie unserer schnelllebigen Welt, durch stressige Abgabetermine, unendlich viele E-Mails, Termine und vieles mehr noch schwieriger werden, seinen Tag zu bewältigen.

Um Ihren Geist frei und mental fit zu halten, sollten Sie bei Bedarf einige Aufgaben delegieren. Wenn Sie dies tun, senken Sie Ihren Stresspegel und die Menge der Aktivitäten, um die Sie sich kümmern müssen, wird reduziert. Aktivitäten wie Notizen zu schreiben, Kalendereinträge zu machen und Erinnerungen zu setzen können Ihnen das Leben deutlich erleichtern.

Wenn Sie eine To-Do-Liste haben, dann verlagert sich der Arbeitsdruck von Ihrem Verstand auf Ihren Zeitplan. Dies ist eine Strategie, die Ihnen dabei hilft, Ihren Geist zu entlasten und Ihre geistige Energie zu steigern. Außerdem können Sie sich dadurch besser auf die Aufgabe konzentrieren, ohne dabei Angst zu haben oder mental gestresst zu sein.

Achten Sie darauf, dass Sie ausreichend schlafen

Die richtige Menge an Schlaf pro Tag steht in direktem Zusammenhang mit der Fähigkeit Ihres Körpers, optimal zu funktionieren. Schlaf hat einen großen Einfluss auf den geistigen und körperlichen Zustand einer Person. Je mehr Schlaf eine Person bekommt, desto geistig wacher ist sie, und umgekehrt.

Außerdem ist es hilfreich, seinen optimalen Schlafbedarf zu kennen, d. h. die richtige Menge und die richtige Art von Schlaf, die man braucht. Wenn manche Menschen zu viel schlafen, dann sind sie müde und erschöpft. Während manche Menschen sehr gut mit sechs bis sieben Stunden Schlaf auskommen, brauchen andere acht Stunden oder mehr, um voll leistungsfähig zu sein.

Ein weiterer wichtiger Punkt ist die Schlafqualität. Bevor Sie sich zur Nachtruhe begeben, sollten Sie alle Geräte ausschalten, die Ihren Schlaf stören. Eine angenehme Umgebung und die richtige Art von Bettzeug können als Motivator für eine bessere Schlafqualität dienen. Andere Dinge, die die Qualität des Schlafs verbessern können, sind die folgenden:

- Nehmen Sie ein warmes Bad, um die Muskeln zu entspannen.
- Lesen Sie ein Buch im Bett.
- Vermeiden Sie es, zwei Stunden vor dem Zubettgehen am Bildschirm zu sitzen.
- Kein Koffein nach 15.00 Uhr.

Verbringen Sie einen großen Teil Ihres Tages damit, Ihr „Herzensprojekt" zu verfolgen

Herzensprojekte sind jene spezifischen Dinge, die Sie verfolgen und die sich auf Ihre ultimative Leidenschaft und Ihre Ziele konzentrieren. Wenn Sie Ihre Energie auf Ihre Leidenschaften und Ziele konzentrieren, dann sind Aufgaben keine Aufgaben mehr für Sie, sondern ein Hobby. Ihr Herzensprojekt gibt Ihrem Leben einen neuen Sinn und verleiht Ihnen Enthusiasmus und Energie.

Ihre Leidenschaften schenken Ihnen etwas, auf das Sie sich immer freuen können. Sie geben Ihnen einen Grund, täglich aufzustehen und sich mit ansteckender Begeisterung an die Arbeit zu machen.

Seien Sie dankbar

Wenn Sie jeden Tag mit der richtigen mentalen Geisteshaltung beginnen, dann haben Sie eine positive Grundeinstellung zum Leben. Wenn Sie sich an die Dinge erinnern, die in Ihrem Leben gut laufen, dann können Sie den Tag mit einer guten Einstellung angehen. Versuchen Sie, stets dankbar zu sein, um mehr geistige Energie zu haben. Seien Sie dankbar für die Dinge, die Menschen für selbstverständlich halten, wie z. B. eine gute Gesundheit, einen Job und die Tatsache, dass Sie ein existenzsicherndes Gehalt verdienen. Seien Sie dankbar für die Beziehungen, die Sie haben, und all die scheinbar kleinen Dinge, die derzeit für Sie gut laufen.

Erinnern Sie sich daran, dass Herausforderungen ein Teil des Lebens sind und dafür sorgen, Sie stärker zu machen. Egal, welche Herausforderung auf Sie zukommt, betrachten Sie die Dinge von der positiven Seite. Es kann nicht alles gleichzeitig für Sie in die Hose gehen. Wenn Sie einen Lebensstil der Dankbarkeit pflegen, werden Sie sich nicht mehr so schnell unterkriegen lassen. Ein Lebensstil der Dankbarkeit vertreibt die Langeweile und erinnert Sie an die wichtigsten Dinge im Leben. Üben Sie sich darin, die Dinge aufzuschreiben, die in Ihrem Leben gut laufen, und konzentrieren Sie sich mehr darauf.

Haben Sie eine positive Einstellung zum Leben

Wenn Sie positiv und optimistisch dem Leben gegenüber einge-stellt sind, dann ist das ein großartiger Ansatz, um Ihre mentale Energie zu steigern. Sie können ein depressives Gefühl durch po-sitive Gedanken ersetzen, um einen Energieschub zu erfahren. Der Zustand Ihrer geistigen Energie ist eine großer Faktor für Ihr Pro-duktivitätsniveau. Wenn Sie negativ gestimmt sind, dann führt das nur zu einem Rückgang Ihrer geistigen Energie. Haben Sie po-sitive Gedanken und nutzen Sie Gelegenheiten, wenn sie sich Ihnen bieten.

Nehmen Sie die richtigen Lebensmittel zu sich

Die Lebensmittel, die wir essen, beeinflussen nicht nur unsere kör-perliche Energie, sondern auch unsere geistige Energie. Das Sprichwort „Du bist, was du isst" bedeutet einfach, dass Sie Ener-gie aus energiespendenden Lebensmitteln ziehen können, wenn Sie sich gesund ernähren. Bestimmte Lebensmittel können unsere geistige Energie einschränken. Zucker beispielsweise verwandelt sich im Körper in Fett. Fett beschwert Sie unweigerlich und hin-terlässt ein Völlegefühl und Müdigkeit.

Wenn Sie ungesunde Lebensmittel essen, bekommt Ihr Körper keine Nährstoffe. Solche Lebensmittel vermindern das allgemeine Wohlbefinden des Körpers, machen Sie müde und ein müder Kör-per wirkt sich automatisch auf den geistigen Zustand aus.

Erstellen Sie sich einen Ernährungsplan, damit die richtige Ernäh-rung zu einem Lebensstil wird. Wählen Sie Lebensmittel aus, wel-che die geistige Klarheit fördern. Wenn Sie zu einer frühen Uhrzeit am Tag mehr Kalorien zu sich nehmen als in der Nacht, wirkt sich das positiv auf Ihre Energie aus. Gewicht zu verlieren gehört nicht zu den Dingen, die Sie auch noch zu Ihrer To-Do-Liste hinzufügen möchten.

Gesunde Lebensmittel sind reich an Ballaststoffen, Eiweiß und wichtigen Mineralien. Obst und Gemüse sollten einen großen Teil

Ihrer Ernährung ausmachen, um Ihr Energieniveau zu verbessern. Außerdem wirkt Wasser wie Magie auf den Körper und es zahlt sich aus, den ganzen Tag über ausreichend Wasser zu sich zu nehmen. Trinken Sie jedoch nur Wasser, um Ihren Körper mit Flüssigkeit zu versorgen, und lassen Sie nicht zu, dass das Wassertrinken Ihre Arbeitsleistung beeinträchtigt.

Erhalten Sie durch Sport mehr Inspiration

Bewegung ist nicht nur großartig, um Ihr Gewicht zu kontrollieren, sondern auch um den Blutdruck zu senken und das Gehirn besser zu durchbluten. Zudem kann Sport auch bei Depressionen und Angstzuständen helfen. Bewegung hebt die Stimmung, indem der Endorphinspiegel, also der „Wohlfühl"-Grundstoff im Körper, in die Höhe getrieben wird.

Bei sportlicher Betätigung wird die Herzfrequenz erhöht und der Stresspegel gesenkt.

Weitere Vorteile von Sport sind:

- Bessere Schlafqualität
- Steigerung des Selbstwertgefühls und des Selbstvertrauens
- Steigerung der Gehirnleistung

Bleiben Sie aktiv, aber haben Sie Spaß dabei

Das Beibehalten von Sportprogrammen kann für manche Menschen eine fast unmögliche Aufgabe darstellen. Neben Jogging und Walking können Sie jedoch unterhaltsamere Arten der Bewegung finden, um Ihren Körper in Schwung zu halten. Sport und aktive Hobbys stellen zudem eine hervorragende Möglichkeit dar, um Ihren Körper mit Energie zu versorgen und Ihren Geist aktiv zu halten.

Interessante Aktivitäten umfassen die folgenden:

- Mit Freunden trainieren
- Kurze Spaziergänge

- Laufen
- Wandern
- Radfahren
- Tanzen
- Schlittschuhlaufen

Umgeben Sie sich mit glücklichen Menschen

Einige Menschen sind von Natur aus kontaktfreudig, andere nicht, doch zwischenmenschliche Beziehungen sind ein wesentlicher Bestandteil der menschlichen Existenz. Energiegeladene, glückliche Menschen tragen das gewisse Etwas in sich und wenn Sie lange genug in ihrer Nähe bleiben, werden auch Sie mit Glück infiziert. Solche Menschen machen Sie glücklich und verleihen Ihnen Energie.

Ihre Beziehungen werden daher Ihr Energieniveau erhöhen oder senken, je nachdem, wie Sie Ihre zwischenmenschlichen Beziehungen auswählen. Stellen Sie sicher, dass Sie mit Menschen in Kontakt bleiben, mit denen Sie gerne zusammen sind.

Wenn Sie ein soziales Netzwerk haben, das mit Ihren Zielen und Bedürfnissen übereinstimmt, kann dies eine Art Unterstützungsgruppe sein. Unterstützungsgruppen können Ihnen dabei helfen, Ihr Selbstwertgefühl zu steigern und Ihren Stresspegel zu senken. Soziale Treffen sind besonders nützlich für introvertierte Menschen, für die es eine Herausforderung ist, mit anderen zu interagieren. Auf diese Weise können sie sich ausdrücken, Spaß haben und lachen, was als richtiger Energieschub dient.

Schicken Sie Ihren Geist mit Hilfe von Meditation auf Reisen

Meditation beinhaltet tiefes Denken bzw. die Nutzung Ihrer Vorstellungskraft, um Ihre Welt von dem Ist-Zustand, in dem sie sich befindet, zu dem Zustand umzuformen, den Sie sich wünschen. Meditation hilft Ihnen dabei, die Fähigkeiten Ihres Geistes anzuzapfen, um durch mentale Visualisierung eine bessere Zukunft zu prognostizieren. Erfolgreiche Menschen nutzen die Meditation, um Antworten selbst auf heikle Fragen zu finden.

Das ultimative Ziel der Meditation ist innere Ruhe und Entspannung. Studien haben gezeigt, dass Meditation (egal wie kurz) ein hervorragendes Mittel zum Stressabbau ist. Stress kann einen Tribut an Ihre körperliche oder geistige Energie fordern, und Meditation kann für Stressabbau sorgen. Wenn Sie sich täglich ein paar Minuten Zeit nehmen, um achtsam zu meditieren, können Sie viele Formen von Stress und Angst abbauen. Meditation ist ein nützliches Werkzeug für Ihre geistige Gesundheit und zur Bekämpfung von psychischen Erkrankungen.

Erfrischen Sie Körper und Geist mit Yoga

Yoga schenkte der Menschheit im Laufe der Jahrhunderte einen unschätzbaren Wert. Yoga ist eine ebenso physische wie mentale Tätigkeit, die Körper und Geist verjüngt und motiviert. Yoga kombiniert Körperhaltungen, Meditation, Entspannung und Atemtechniken. Es gibt eine Menge Vorteile in Bezug auf die Entwicklung Ihrer körperlichen und geistigen Energie, die mit Yoga in Zusammenhang stehen.

Die Vorteile von Yoga:

- Verbesserung der Muskelkraft – Dies schützt vor Rückenschmerzen und Arthritis.
- Erhöhung der Durchblutung – Yoga setzt Energie in Ihren Körperzellen frei und fördert die Blutzirkulation.
- Erhöhung der Herzfrequenz – Da Yoga körperliche Bewegung beinhaltet, verursacht es einen schnelleren Herzschlag.
- Senkung von Blutdruck und Blutzuckerspiegel.
- Verbesserte Konzentrationsfähigkeit – Studien haben gezeigt, dass Yoga die Koordinations- sowie die Gedächtnisleistung und den IQ verbessert.
- Höhere Schlafqualität.
- Beruhigt den Verstand.

Kommen Sie öfter in Spiellaune

Das englische Sprichwort „All work and no play makes Jack a dull boy" bezieht sich auf den geistigen und körperlichen Zustand des Wohlbefindens. Jede Aktivität, die uns Spaß macht und uns Freude oder ein kindliches Glücksgefühl verleiht, könnte als Spiel bezeichnet werden. Wenn wir immer nur arbeiten und keine Zeit für spaßige Aktivitäten oder Hobbys haben, kann das unser Energielevel belasten. Spielen gestaltet sich für jeden Menschen anders, je nach Bedürfnissen, Interessen und Wünschen. Spielen muss nicht unbedingt auf Ihrer To-Do-Liste stehen, sondern kann einfach eine Aktivität sein, die Sie faszinierend finden. Eine solche Spaßaktivität kann von Kochen, Tanzen, Musikhören und Filmeschauen bis hin zum Besuchen einer Leichtathletikveranstaltungen reichen – jedes Hobby, das Ihnen Spaß macht, ist hier gemeint.

Schaffen Sie Routinen

Wenn Sie energiefördernde Gewohnheiten als Teil Ihrer Arbeits- oder persönlichen Routine schaffen, können Sie Ihr Energieniveau hochhalten. Außerdem können Sie sich kleine Aktivitäten suchen, um Ihr Energieniveau während der Arbeit schnell zu steigern. Routinen in Bezug auf Schlafgewohnheiten, Essenszeiten, Bewegung, Yoga, eine dankbare Einstellung und Arbeitsaktivitäten können hierbei sehr vorteilhaft sein. Wenn Sie Routinen beherrschen und diese ein Teil Ihres Lebens werden, dann wird Ihre Produktivität steigen.

Sprechen Sie Probleme direkt an

Wenn Sie Probleme auf die lange Bank schieben, kann das Ihr Energielevel belasten und Stress verursachen. Mentaler Stress kann Ihnen genauso viel, wenn nicht sogar mehr Energie rauben als körperliche Belastung. Wenn Sie psychisch gestresst sind, sollten Sie als erstes die Verursacher identifizieren. Als Nächstes sollten Sie damit beginnen, Strategien zur Stressbewältigung zu entwickeln. Gehen Sie diese Strategien direkt an und erhalten Sie so mehr Energie für den Erfolg.

Es ist durchaus interessant zu lernen, wie Sie Ihr Energieniveau steigern können. Hierbei sollte die Nutzung von Substanzen keine Option sein. Ein wichtiger Aspekt ist das Ergreifen von Maßnahmen, um energiegeladener zu werden. Sobald Sie sich diese Praktiken zur Gewohnheit machen, verwandeln sich diese schließlich zu einem integralen und natürlichen Bestandteil Ihres Lebens.

Zusammenfassung des Kapitels

- Die Steigerung Ihrer körperlichen und geistigen Energie erfordert bewusste Handlungen, die Sie in Ihren Lebensstil integrieren müssen.
- Sie müssen Ihrem Leben regelmäßig frische Energie zuführen, um einen ausgeglichenen Energiefluss zu haben.
- Wenn Sie sich um die Aufgaben kümmern, die Sie am meisten fürchten, erhalten Sie die Energie und das Selbstvertrauen, um mehr zu schaffen.
- Organisieren Sie Ihre Gedanken, indem Sie die Aufgabe visualisieren, bevor Sie zu Bett gehen.
- Befreien Sie Ihren Geist von erdrückenden Gefühlen und zu vielen Aufgaben.
- Schlaf ist wichtig. Schlafen Sie also ausreichend.
- Ihr Herzensprojekt befindet sich im Bereich Ihrer Leidenschaft und sollte mit Begeisterung verfolgt werden.
- Seien Sie stets dankbar.
- „Du bist, was du isst". Mit anderen Worten ausgedrückt: Nehmen Sie die richtigen Lebensmittel mit den richtigen Nährwerten für Ihren Körper zu sich.
- Beschäftigen Sie sich mit anregenden aktiven bzw. körperlichen Aktivitäten, die Ihnen Spaß machen, und schon wird Ihr Energielevel steigen.
- Knüpfen Sie mehr Kontakte, indem Sie sich mit glücklichen Menschen umgeben.
- Glückliche Menschen tragen ansteckende Energie in sich.

- Meditation ist ein starker Energie-Booster.
- Praktizieren Sie Yoga, um Ihr Energielevel zu verbessern.
- Sie müssen mehr spielen. Die richtige Art des Spiels erzeugt ein berauschendes Gefühl.
- Erlernen Sie regelmäßige Gewohnheiten, die Ihren Geist auf Dauer konditionieren.
- Packen Sie den Stier bei den Hörnern, wenn es um Probleme geht.

Im nächsten Kapitel erfahren Sie, wie Sie sich mit wissenschaftlich fundierten Tricks innerhalb weniger Minuten motivieren können.

KAPITEL ACHT

Motivation in wenigen Minuten: Wissenschaftlich bestätigte Tricks

Was lässt Sie inmitten unterschiedlicher Umstände und Herausforderungen im Leben weitermachen? Wenn eine Idee nicht zu funktionieren scheint, oder wenn Sie mit Rückschlägen oder Misserfolgen konfrontiert sind, was gibt Ihnen dann den Mut, es weiter zu versuchen? Was veranlasst Sie dazu, morgens früh aufzustehen, um zu meditieren, zu studieren, Ihre morgendlichen Rituale auszuführen oder zur Arbeit zu fahren, auch wenn sich dies nicht gut anfühlt?

Die Wahrheit ist, dass ohne Motivation niemals ein echter Erfolg eintreten kann. Motivation ist die treibende Kraft, so wie Kraftstoff Fahrzeuge antreibt. Motivation ist das, was Ihrem Segel Wind verleiht, die treibende Kraft, die Sie weitermachen lässt, wenn alles andere nicht zu funktionieren scheint. Motiviert zu sein oder zu bleiben, ist jedoch nicht so einfach, wie es aussieht. Es fordert Ihre körperliche und geistige Energie. Wie bleiben Sie in einem solchen Fall motiviert?

Hier sind einige wissenschaftlich erwiesene Möglichkeiten, wie Sie sich innerhalb weniger Minuten fokussieren und motivieren können, um Ihre Produktivität zu steigern:

Steigern Sie Ihr Selbstvertrauen mit einer High-Power-Pose

Erforderliche Zeitdauer: 2 Minuten

Ihre Körpersprache ist ein zentraler Faktor dafür, wie andere Menschen Sie wahrnehmen. Ihre Körpersprache beeinflusst zudem auch die chemischen Prozesse, die im Inneren Ihres Körpers ablaufen. Die Art und Weise, wie Sie gehen und bestimmte Aktivitäten ausführen, Ihre Körperhaltung, Bewegungen und mehr senden positive oder negative Schwingungen an Ihre Mitmenschen. Professorin Amy Cuddy von der Harvard School of Business, die Expertin für Körpersprache ist, sagt, dass „unsere nonverbalen Signale bestimmen, wie andere Menschen über uns denken und fühlen."

Forschungen von Princeton, Harvard und anderen Institutionen wiesen nach, wie die Körpersprache Interaktionen am Arbeitsplatz beeinflussen kann. Die Verwendung der richtigen Worte kann helfen, die richtige Botschaft zu vermitteln. Die Körpersprache kann jedoch auch die Bedeutungen beeinflussen, die Sie in jede Nachricht hineininterpretieren.

So wie die Körpersprache eine Botschaft beeinflusst, beeinflusst sie also auch Ihr Motivationsniveau. Amy Cuddy sagt, dass die Power-Pose einen weiteren Kanal für die nonverbale Kommunikation bietet. Die Art und Weise, wie Sie Ihren Körper bewegen, kann eine Menge über Sie aussagen und auch Ihr Produktivitätsniveau beeinflussen. Ihre Körpersprache, Ihre Haltung und Ihr Auftreten können also viel über Sie verraten.

Was ist eine Power Pose?

Es gibt zwei bekannte Arten von Power-Posen, nämlich die High- und die Low-Power Pose. Bei der High-Power-Pose geht es darum, Ihren Körper in einer offenen statt in einer hängenden oder gebückten Position zu bewegen, auch wenn Sie sitzen oder stehen. In einer High-Power-Pose halten Sie Ihren Brustkorb und Ihre Arme geöffnet und vermeiden es, in einer gebückten Position zu bleiben.

Forscher stellten fest, dass die Beibehaltung einer High-Power-Pose Ihren Testosteronspiegel erhöhen kann, ein Hormon, das für einen Selbstvertrauensschub verantwortlich ist. Die High-Power-Pose reduziert dabei auch den Cortisolspiegel, der für die Erhöhung von Stress im Körper verantwortlich ist.

Bei einer Low-Power-Pose hingegen haben Sie eine gekrümmte Haltung, die Sie klein und schmal erscheinen lässt.

Um sich selbst den nötigen mentalen Schub zu geben, probieren Sie daher einfache High-Power-Posen aus und beobachten Sie die Wirkung auf Ihr Produktivitätsniveau. Stehen oder sitzen Sie immer bewusst in einer High-Power-Pose-Manier. Eine Studie in Princeton zeigt, dass die Körpersprache mehr Ausdrucksmöglichkeiten bietet als nur die Mimik.

Denken Sie daran, aktiv und nicht passiv zu kommunizieren, und richten Sie Ihren gesamten Körper auf Ihr Gegenüber aus, wenn Sie mit ihm sprechen. Lächeln Sie oft, denn die Forschung hat auch bestätigt, dass Lächeln Ihr Selbstvertrauen steigern kann.

Machen Sie einen Neuanfang

Erforderliche Zeitdauer: 3-5 Minuten

Die meisten Menschen fassen vor allem zu Beginn des Jahres Vorsätze, die als Quelle der Motivation dienen. Indem Sie Vorsätze fassen, geben Sie sich selbst eine Chance, neu anzufangen. Dieser neue Anfang kann ebenfalls einen Energieschub erzeugen, sodass Sie mehr Aufgaben bewältigen können, so eine Studie der Wharton School of Business.

In einer Veröffentlichung des Institute of Operations Research and Management Science wurde festgestellt, dass die Verwendung von markanten zeitlichen Orientierungspunkten Menschen dabei hilft, ihre Ziele zu erreichen. Sie entwickeln die Willenskraft, jede Aufgabe in Angriff zu nehmen, wenn Sie sich für einen Neuanfang entscheiden. Solche Neuanfänge treten bei zeitlichen Orientierungspunkten auf, wie z. B. bei Geburtstagen, dem Beginn einer neuen Woche, einem neuen Monat bzw. Jahr, an Feiertagen, zu Beginn eines neuen Semesters oder einer Sitzung. Mit Hilfe der Google-Suche identifizierte das Team einige Bereiche, die einen Neustart erfordern, wie z. B. Diäten, den Besuch des Fitnessstudios und das Erreichen von Zielen.

Um einen Neuanfang zu machen, können wir mit Hilfe von Orientierungspunkten vergangene Unvollkommenheiten hinter uns lassen, um größere Ziele zu verwirklichen, die Auswirkungen auf unser Leben haben werden. Mit anderen Worten: Die Entscheidung, einen Neuanfang zu machen, kann als Motivationsquelle dienen, die zu einer Verhaltensänderung und erhöhter Produktivität führt.

Wie Sie einen Neuanfang im Leben schaffen

Im Leben eines jeden Menschen gibt es vergangene und wiederkehrende Ereignisse. Einige dieser Ereignisse können uns unseren Zielen näherbringen, einige davon entfernen. Ein kritischer Blick auf diese Ereignisse oder Begebenheiten kann sich jedoch in einen Neuanfang verwandeln. Sie können eine negative oder positive Situation in einen Neuanfang umwandeln. Zum Beispiel kann ein kürzlicher Verlust des Arbeitsplatzes, eine Trennung, ein Schulabschluss oder ein Umzug in eine neue Gemeinde als Motivation dienen, das Unternehmen zu gründen, für das Sie gespart haben oder das Sie schon lange gründen wollten.

Zeitliche Orientierungspunkte helfen Ihnen dabei, sich von vergangenen Misserfolgen zu lösen und einen konkreten Plan zu entwickeln, wie Sie Ihre Ziele erreichen können. Um Sie zum Erfolg zu inspirieren, müssen Sie den nächsten Schritt tun, nämlich Ihre Ziele aufschreiben. Erstellen Sie einen Aktionsplan oder eine To-Do-Liste, um Ihre neu gewonnene Energie in das Erreichen Ihrer

Ziele zu lenken. Außerdem muss ein Neuanfang nicht auf den Jahresanfang beschränkt sein, sondern kann immer dann stattfinden, wenn Sie das Bedürfnis verspüren, eine Situation oder ein Geschehen neu zu definieren.

Verwöhnen Sie sich selbst mit ein wenig Schokolade

Erforderliche Zeitdauer: 1 Minute

Der Verzehr von Schokolade mag Ihnen schlecht für Ihre Zähne oder Ihnen zu zuckerhaltig erscheinen. Allerdings kann Schokolade eine starke motivierende Wirkung haben. Schokolade enthält Dopamin freisetzende Substanzen, die chemische Reaktionen auslösen, von denen bekannt ist, dass sie folgende positive Wirkungen auf Ihr Gehirn haben:

- Dopamin bewirkt einen Anstieg der Herzfrequenz, was zu einer höheren Motivation führt.
- Der Verzehr von Schokolade setzt Serotonin und Phenylethylamin in Ihrem Blutkreislauf frei. Serotonin ist ein Neurotransmitter und kann dazu beitragen, Ihre Nerven zu beruhigen, während Phenylethylamin die Stimulation fördert. Weiße Schokolade enthält sogar noch mehr von diesen beiden Eigenschaften und bietet Ihnen damit einen noch größeren Nutzen. Dunkle Schokolade enthält Antioxidantien, die den kognitiven Verfall verlangsamen und Ihr Konzentrationsniveau erhöhen.
- Schokolade wirkt als eine milde Form eines Antidepressivums. Wenn Sie Schokolade essen, entsteht eine chemische Reaktion im Gehirn, die Gefühle von Glückseligkeit und Wohlbefinden sowie Motivation hervorruft.

Steigern Sie die Leistung Ihres Gehirns mit nährstoffreichen, gesunden Lebensmitteln

Wenn Sie sich gesund ernähren, hat dies einen direkten Einfluss auf Ihren allgemeinen Gesundheitszustand. Ihre Gesundheit ist die einzige Garantie dafür, Ihren Reichtum zu genießen, wenn Sie endlich erfolgreich sind. Um Ihre Ziele erfolgreich zu definieren, umzusetzen und zu erreichen, müssen Sie gesund sein.

Bestimmte Arten von Lebensmitteln tragen lediglich dazu bei, Ihre geistige und körperliche Entwicklung zu verlangsamen und Sie krank zu machen. Ihr Körper braucht die richtige Menge an Nährstoffen, um beschädigtes Gewebe wieder aufzubauen oder zu reparieren. Wenn Sie ihrem Körper die richtige Nahrung geben, haben Sie nicht nur die Energie für die erforderlichen Aufgaben, sondern fördern auch die Entwicklung Ihres Gehirns.

Welche Lebensmittel können Ihre Gehirnleistung steigern?

Es gibt viele Lebensmittel, die als Treibstoff für Ihren Körper dienen und Ihnen dabei helfen können, Ihre Ziele zu erreichen. Beispiele für solche Lebensmittel sind Lebensmittel, die reich an Eiweiß und gesunden Fetten und Ölen sind, Obst und Gemüse, Nüsse und Samen, Vollkornprodukte und mehr.

Lebensmittel, die reich an Vitamin B sind, dienen als Stimulationsmittel und können dazu beitragen, Ihr Energieniveau, Ihre Motivation und Ihre Gehirnleistung zu steigern. Vitamin B wird für die Bildung von Dopamin benötigt, das dafür verantwortlich ist, dass Sie sich motiviert fühlen. Eine gute Dosis Vitamin B erhalten Sie, wenn Sie Truthahn, Lachs, Tofu, Bananen, Spinat, Haselnüsse, Walnüsse und Avocados essen. Allerdings sind Lebensmittel mit hohem Cholesterinanteil und fetthaltige Lebensmittel nicht so gesund und hilfreich für die Gehirnentwicklung.

Fischsorten wie Lachs, der Omega-3-Fettsäuren enthält, können vor Gedächtnisverlust und Demenz schützen. Neben Schokolade verlangsamen auch Nüsse und Samen den kognitiven Verfall. Andere Obst- und Gemüsesorten, die die Ausschüttung von Dopamin fördern, sind u. a. Spirulina und Blaubeeren. Studien zeigen, dass Avocados Nährstoffe enthalten, die freie Radikale, welche für Zellschäden verantwortlich sind, bekämpfen und das Fortschreiten der Alzheimer-Krankheit und Demenz reduzieren. Avocados sind tolle Lebensmittel für die Muskelfunktion und die Lernentwicklung.

Verbringen Sie Zeit in der Natur

Die Natur hat die außergewöhnliche Eigenschaft, unsere Herzen zu öffnen. Die Natur kann Sie sogar in den schlimmsten Situationen und unter den unwahrscheinlichsten Umständen motivieren. Es passiert so schnell, dass man im Wahnsinn des täglichen Lebens gefangen ist und vergisst, die kleinen Dinge zu genießen, die man verdient hat. Wir alle vergessen manchmal, uns die Zeit zu nehmen und die Geschenke der Natur zu genießen.

**„In der Tiefe des Winters erfuhr ich endlich, dass in mir ein unbesiegbarer Sommer steckte."
– Albert Camus**

Eine der besten Möglichkeiten, um sich selbst innerhalb von wenigen Minuten zu motivieren, besteht darin, sich in der Natur aufzuhalten. Wenn Sie mehr Zeit in der Natur verbringen, hilft Ihnen das nicht nur beim Entspannen, sondern inspiriert Sie auch dazu, knifflige Probleme zu lösen. Also, was können Sie tun?

Gehen Sie spazieren

Gehen wirkt wie Medizin auf den Körper und die menschliche Psyche. Anstatt mit dem Auto zu fahren oder eventuell ein Taxi, den Bus oder die Bahn zu nehmen, können Sie zu Fuß nach Hause gehen. Oder steigen Sie zumindest ein paar Meter vor Ihrer eigentlichen Bushaltestelle aus und gehen Sie den restlichen Weg nach

Hause. Wenn Sie einen Spaziergang machen, passieren normalerweise mehrere Dinge. Sie haben Zeit, über die Aktivitäten des Tages, der Wochen und Monate nachzudenken. Außerdem haben Sie die Möglichkeit, über anstrengende Themen bei der Arbeit zu sinnieren, und weil Sie sich in einer anderen Umgebung befinden, fühlen Sie sich nicht eingeengt.

Sie können auch einen Spaziergang am Strand machen. Gehen Sie barfuß, die Wellen zur Linken, die Bäume zur Rechten, Musik ertönt aus der Ferne, Sie sehen andere Menschen, die das Leben genießen und es liegt Aufregung in der Luft. Allein das Gefühl des kühlen Sommerwinds auf Ihrer Haut kann wahre Wunder für Ihre Seele bewirken. Während Sie über die Fragen des Lebens, Ihre Ziele, die Arbeit und Ihr Privatleben nachdenken, wird es nicht lange dauern, bis Sie einen Energieschub bekommen.

Fahren Sie in den Urlaub

Eine Reise zu einigen der Orte, von denen Sie schon immer geträumt haben, kann Ihnen die nötige Motivation verschaffen, die Sie benötigen. Es gibt Dutzende von aufregenden und exotischen Orten, Naturschutzgebieten, Wildreservaten und Wasserparks zu erkunden. Neben den wunderbaren Orten, die es zu sehen gibt, gibt Ihnen die bloße Anwesenheit im Grünen einen unglaublichen Motivations- und Energieschub.

Forschungen der Universität Essex zeigen, dass Farben Töne, Stimmungen und Gefühle an Menschen weitergeben. Der Farbe Grün wird laut zwei verschiedenen Studien nachgesagt, dass sie als Motivator dienen kann, während grüne Farbtupfer Ihre Kreativität ankurbeln können. Wenn Sie also Ihr Büro oder Ihr Zimmer mit der Farbe Grün gestalten, sollte dies Wunder für Ihre Energie bewirken.

Ein Beispiel: Andrew ist ein Mensch, der gerne seine To-Do-Liste für den nächsten Tag erstellt, wenn er sich für das Bett fertig macht. Er analysiert die Aktivitäten des Tages, seine Erfolge, Misserfolge, unerledigte Aufgaben und mehr und plant dann die Aktivitäten des nächsten Tages. Sobald Andrew diese Aufgabe erledigt hat, legt er sich auf sein Bett und versucht Folgendes zu visualisieren … „Wie wird der morgige Tag aussehen?", fragt er sich. Was möchte ich morgen erreichen? Welche Probleme muss ich morgen in meinem Arbeits- und Privatleben lösen, um meine Ziele zu erreichen? Nach einiger Zeit löscht er die Leselampe und schläft ein. Wenn der Morgen kommt, ist Andrew motiviert, freut sich auf die Aktivitäten des Tages und kann es kaum erwarten, loszulegen.

Die Forschung bestätigt, dass Menschen unterschiedlich auf Situationen reagieren, und das hilft ihnen dabei, sich zu motivieren. Laut wissenschaftlichen Untersuchungen gibt es zwei Arten von Motivation, die intrinsische (interne) Motivation und die extrinsische (externe) Motivation. Wenn Sie z. B. erst dann Ihr Haus aufräumen, wenn Sie Besuch von Freunden erwarten, dann ist das eine extrinsische Motivation. Extrinsische Motivation hängt von externen Dingen bzw. von Ihrer Umgebung ab, um eine Handlung anzustoßen. Belle Cooper sagt, dass extrinsische Motivation mit bedingten Aussagen, die mit „wenn" beginnen, gefolgt von einer Belohnung, zusammengefasst werden kann. Zum Beispiel: „Wenn Sie in den nächsten drei Monaten ein Ziel von fünf Verkaufsabschlüssen konstant erreichen, dann qualifizieren Sie sich für den Posten des Regional Marketing Managers". Das ist ein externer Anreiz für die Erledigung einer Aufgabe. Belohnungen neigen dazu, die Denkprozesse zum Erfolg einzuengen.

Forscher aus Princeton stellten jedoch fest, dass ein solches Belohnungssystem für externe Motivation mit der Zeit zu schlechter Leistung führt. Aufgaben, die Innovation und Kreativität beinhalten, werden besser erledigt, wenn es eine interne Motivation gibt. Wenn Sie zum Beispiel nach Feierabend an Ihren Fähigkeiten arbeiten, um sich in einer Sache zu verbessern, dann ist das eine intrinsische Motivation. Die intrinsische Motivation fördert kreatives Arbeiten. Ihr Ziel ist der motivierende Faktor.

Elemente der intrinsischen Motivation

Dan Pink spricht über die drei Elemente der intrinsischen Motivation:

- Autonomie
- Beherrschung
- Zweck

Autonomie

Beim Aspekt der Autonomie geht es darum, Entscheidungen zu treffen. Wenn Sie ein Gefühl von Eigenverantwortung haben oder spüren, dass Sie die Kontrolle über Ihre Entscheidungen haben, verleiht Ihnen dies eine intrinsische Motivation. Ein Mensch, der intrinsisch motiviert ist, kann alle Möglichkeiten kreativ in Betracht ziehen, um eine bestimmte Aufgabe zu erledigen. Wenn also bei einer Aufgabe bestimmte Bereiche in Ihrer Kontrolle liegen, dann gibt Ihnen das ein gewisses Maß an Motivation für diese Aufgabe. Ein Beispiel: Ihr Chef übergibt Ihnen ein Projekt, das Sie erledigen sollen. Wenn Sie einen gewissen Entscheidungsspielraum bezüglich der Struktur, des Fortschritts und des Abgabetermins der Aufgabe haben, fällt es Ihnen leichter, sich motiviert zu fühlen, als wenn Sie nur das tun müssen, was Ihnen aufgetragen wurde. Wenn Sie also nach Möglichkeiten suchen, um Ihre Autonomie bei einer Aufgabe zu erhöhen, führt dies natürlich zu mehr Motivation, da Sie den Prozess selbst in die Hand nehmen können.

Beherrschung

Wenn Sie lieben, was Sie tun, hilft Ihnen diese Leidenschaft, besser in diesem Bereich zu werden, und zwar auch ohne externe Motivation. Sie werden dazu bereit sein, sich weiterzuentwickeln, um besser in Ihrem Aufgabenbereich zu werden, wenn dies für Sie von Bedeutung ist und nicht nur für Ihr Unternehmen. Wenn neue Aufgaben auftauchen, die Ihre Fähigkeiten erfordern, dann werden Sie sich begeistert und motiviert fühlen, um Ihre Fähigkeiten einzusetzen.

Zweck

Wenn Sie das Gefühl haben, dass ein Projekt oder eine Aufgabe größer als Sie selbst ist, dann ist Ihr Fokus auf den Zweck gerichtet. Motivation wird dann intrinsisch, wenn der Fokus des Einzelnen auf dem Nutzen liegt, d. h., wenn eine Aufgabe der Allgemeinheit oder den Kunden des Unternehmens nützt. Sie werden motiviert, wenn Sie den tatsächlichen Nutzen sehen, den ein Projekt den Kunden und anderen Menschen bringen wird.

Zusammenfassung des Kapitels

In diesem Kapitel haben wir die folgenden Überlegungen ausgiebig diskutiert:

- Herausforderungen gehören dazu, wenn Sie in Ihrem Leben ein lohnendes Ziel verfolgen. Menschen finden immer die Motivation, ihre Träume zu verfolgen, auch wenn es Hindernisse gibt.
- Motivation ist das, was eine Person dazu veranlasst, jeden Tag früh aufzustehen, um einen Traum zu verfolgen, auch nach Rückschlägen und Misserfolgen.
- Motivation kann entweder interner (intrinsisch) oder externer (extrinsischer) Natur sein.
- Ihre Körpersprache sagt eine Menge über Sie aus und kann Ihr Motivationsniveau beeinflussen.
- Das Sitzen oder Stehen in einer gekrümmten oder geduckten Körperhaltung ist eine Low-Power-Pose und kann Ihre Motivation bei der Arbeit oder bei einem Vorstellungsgespräch beeinträchtigen.
- Das Sitzen oder Stehen in einer offenen oder aufrechten Position mit nach vorne gerichteten Schultern wird als High-Power-Pose bezeichnet. Eine solche High-Power-Pose kann Ihr Energieniveau steigern und Ihre Motivation innerhalb von zwei Minuten erhöhen.
- Wenn Sie einen Neuanfang im Leben machen, kann Ihnen dies ebenfalls als Motivator dienen.

- Menschen fassen wöchentlich, monatlich und jährlich neue Vorsätze. Andere Vorsätze werden an Geburtstagen, nach dem Verlust eines Jobs oder einer Trennung gefasst. Dieses zeitliche Orientierungssystem dient uns Menschen als Motivation, bestimmte Dinge entweder zu beenden oder zu beginnen.

- Gönnen Sie sich etwas Gutes, indem Sie weiße, braune oder dunkle Schokolade essen, da dieses Lebensmittel dopaminsteigernde Inhaltsstoffe enthält, die zu einer erhöhten Motivation beitragen.

- Der Verzehr von Lebensmitteln, die reich an Proteinen, Ölen, Omega-3-Fettsäuren sind, wie z. B. Samen und Nüsse, kann ebenfalls dazu beitragen, Ihr Energieniveau und Ihre Motivation zu steigern.

- Wenn Sie sich im Haus einschließen oder die ganze Woche im Büro verbringen, reicht dies aus, um Ihre Motivation zu zerstören. Ein Ausflug in die Natur kann einen Funken in Ihnen wecken. Machen Sie einen Spaziergang, gehen Sie an den Strand und lassen Sie sich von der Natur inspirieren.

- Sie werden motiviert oder erhalten ein Gefühl der Autonomie, wenn Sie sich einen bestimmten Ablauf zu eigen machen oder wenn Sie eine bedeutende Rolle im Entscheidungsprozess einer Aufgabe spielen.

- Wenn Sie Dinge innerhalb Ihres Unternehmens erledigen können, kann das zu einem erheblichen Motivationsschub für Sie führen. Wenn Sie die Dinge, die Sie tun, genießen, dann können Sie, wenn nötig, mehr lernen, um Ihre Fähigkeiten zu verfeinern.

- Wenn Sie für ein bestimmtes Ziel arbeiten, z. B. für das Allgemeinwohl oder den Nutzen anderer Menschen, kann Ihnen dies als Antrieb dienen, Ihre Mission weiter zu verfolgen. Zu wissen, wie viel Wert oder Einfluss Sie auf Kunden und die Menschheit haben, kann zu mehr Motivation führen.

Im nächsten Kapitel erfahren Sie, wie Sie mit der Pomodoro-Methode Ihre Effizienz und Konzentration steigern können.

KAPITEL NEUN

Die Pomodoro-Methode — Das Geheimnis für mehr Effizienz und Fokus

Jeden Tag gibt es so viele Aufgaben, die zu erledigen sind, und es scheint, als ob nie genug Zeit bleibt. Sie haben knappe Abgabetermine, aber keine Zeit, alles zu erledigen. Jetzt ist es vielleicht so schlimm geworden, dass Sie ständig Arbeit mit nach Hause nehmen müssen, damit Sie Ihre Zieltermine einhalten können. In manchen Wochen läuft alles glatt und Sie erreichen Ihr Ziel. In anderen Wochen ist es ein einziger Kampf. Und das alles summiert sich und macht Sie immer frustrierter. Sie fangen an, Ihren Antrieb zu verlieren. Was tun Sie also in solchen Situationen?

Viele Menschen kämpfen damit, bei der Arbeit ihren Fokus zu behalten. Manchmal sitzen sie den ganzen Tag am Schreibtisch und erreichen trotzdem nur wenig, weil sie sich nicht konzentrieren können, müde sind oder ihnen die Motivation fehlt. Die geheime Zutat, die Sie brauchen, ist die Pomodoro-Methode für besseren Fokus und Effizienz.

Als ich das erste Mal von der Pomodoro-Methode hörte, war mein Interesse sofort geweckt. Da ich Life-Coach bin, dauerte es jedoch einige Zeit, bis ich in meinem Terminkalender Zeit fand, die Pomodoro-Technik zu erforschen und sie selbst auszuprobieren. Als ich endlich dazu kam, war das Ergebnis auf mein Produktivitätsniveau, gelinde gesagt, phänomenal. Wenn Sie Probleme damit haben, Ihren Fokus und Ihre Effizienz bei der Arbeit aufrechtzuerhalten, ist die Pomodoro-Methode genau das richtige Werkzeug.

Was ist die Pomodoro-Methode?

Die Pomodoro-Methode ist ein Zeitmanagement-Tool, das Ihnen dabei hilft, Ihre Effizienz und Konzentration bei der Arbeit zu steigern. Es gibt kaum jemals genug Zeit, um alle Dinge zu erledigen. Vor diesem Hintergrund lehrt Sie die Pomodoro-Technik, mit der verfügbaren Zeit auszukommen. Anstatt gegen die Zeit anzurennen, ermutigt Sie die Pomodoro-Technik zur Rationalisierung, indem Sie Ihre verfügbare Zeit in 25-Minuten- und 5-Minuten-Segmente strukturieren.

Mit anderen Worten: Sie unterteilen Ihren Arbeitstag in kleinere Abschnitte von 25 Minuten und 5 Minuten. Die 25 Minuten dienen dazu, Teile Ihrer Aufgaben zu erledigen, während die 5 Minuten für kurze Pausen gedacht sind. Nach etwa vier Intervallen, oder Pomodoros, können Sie die Pause auf 15 bis 20 Minuten ausdehnen.

Was ist der Mehrwert der Pomodoro-Technik?

Die Pomodoro-Struktur unterstützt Sie darin, sich auf die Dinge zu konzentrieren, die täglich am wichtigsten sind. Manchmal gehen wir mit dem Eindruck an die Arbeit, dass wir genug Zeit haben, um die Aufgaben des Tages zu erledigen. Dann lassen wir zu, dass uns Ablenkungen dazwischen kommen. Es trudelt eine dringende E-Mail von einem Freund herein, und Sie denken: „Oh, eine Nachricht von John ... Okay, ich antworte schnell auf diese E-Mail ...", und Sie stellen Ihre aktuelle Aufgabe zurück. Ehe Sie sich versehen, sind Sie in anderen ablenkenden Aufgaben vertieft und die Hälfte des Tages vergeht, ohne dass Sie viel geschafft haben. Sobald der Abgabetermin nur noch zwei Tage entfernt ist, sind Sie wie in einem Rausch und versuchen, alles unterzubringen, damit Sie pünktlich abliefern können.

Die Pomodoro-Technik verleiht Ihnen ein unmittelbares Gefühl der Dringlichkeit für Ihre Arbeit. Sie hilft Ihnen dabei, sich zu konzentrieren, auch wenn es nur für 25 Minuten auf Ihre wichtigsten

Aufgaben ist. Nach 25 Minuten können Sie sich einige Ablenkungen gönnen, bevor Sie wieder an den Aufgaben arbeiten. Das Hauptargument dieser Methode besagt, dass Sie, wenn Sie die Disziplin haben, diese Strategie durchzuziehen, am Ende eines jeden Tages Ihre Produktivität astronomisch gesteigert haben werden. Anstatt also Zeit mit Ablenkungen zu vergeuden, konzentrieren Sie sich auf Ihre Hauptaufgaben.

Wenn Sie an einem Tag 12 Mal 25 Minuten für Aufgaben und 5 Minuten für Pausen einplanen, werden Sie am Ende des Tages 300 Minuten gearbeitet haben. Wenn Sie 5 Minuten mal 12 addieren, sind das 60 Minuten, was mindestens 6 Stunden Arbeit an einem Tag ergibt. Sie haben immer noch mindestens zwei Stunden für eine Pause, vorausgesetzt Sie arbeiten 8 Stunden pro Tag oder haben einen normalen 9-bis-5-Job.

Die Pomodoro-Technik hilft Ihnen dabei, Ihre Produktivität zu steigern, indem Ablenkungen reduziert werden. Die häufigen kurzen Pausen reduzieren die tägliche Müdigkeit bzw. das ausgebrannte Gefühl, das Sie sonst am Ende eines Arbeitstags haben. Außerdem ist es ungesund, endlose Stunden an Ihrem Schreibtisch zu verbringen, in der Hoffnung, noch mehr Aufgaben zu erledigen. Wenn Sie mithilfe der Pomodoro-Methode arbeiten, werden Sie mehr erreichen und gleichzeitig Ihr Energieniveau hoch halten.

Aus evolutionsbiologischer Sicht sollte das menschliche Gehirn nicht unter so viel unangemessenem Druck am Stück arbeiten. Zwar kann das Gehirn dem Stress standhalten (schließlich kann es mit extrem komplexen Belastungen umgehen), aber im Laufe der Jahre werden sich die Effekte der ständigen Belastung wahrscheinlich auf Ihren gesundheitlichen Zustand auswirken. Das menschliche Gehirn kann jede Situation überstehen, es kann sich jedoch nicht so lange auf eine einzige Aufgabe konzentrieren, ohne dass die Konzentration nachlässt. Daher können Sie mit einer einfachen Technik wie der Pomodoro-Technik von einem Energie-schub, konstanter Wachsamkeit und einer Steigerung der Qualität der produzierten Arbeit profitieren.

Strategien, damit die Pomodoro-Technik für Sie funktioniert

Nicht jeder hat den gleichen Arbeitsablauf oder die gleiche Art von Arbeit. Aus diesem Grund können Sie die Pomodoro-Technik an Ihre individuellen Umstände anpassen. Zum Beispiel werden Personen, die im Marketing, im technischen Außendienst oder als Schriftsteller oder Journalist arbeiten, jeweils unterschiedliche Arbeitsumgebungen haben.

Anfänglich wird Ihnen die Verwendung solcher ständigen Pausen unbeholfen und unnatürlich erscheinen. Ich muss zugeben, dass es eine mühsame Erfahrung ist, wenn man anfängt, Aufgaben mit einem Zeitnehmer zu mikromanagen. Tatsächlich nahm ich zu Beginn mehrere Pausen von 25 bis 45 Minuten, damit ich mich um einige dringende Angelegenheiten kümmern konnte. Zu anderen Zeiten musste ich mich um einen potenziellen Kunden mit großen Konten kümmern und änderte die Methode ein wenig ab. Außerdem hatte ich tagsüber Besprechungen mit Kunden, Schulungen sowie zusätzliche Dinge zu bewältigen. Unter solchen Umständen musste ich den Pomodoro-Zeitnehmer ausschalten.

Um jedoch mein Ziel zu erreichen, verband ich die Pomodoro-Technik mit meinem persönlichen Kanban-Board. An Tagen, an denen ich mehr vom Büro aus oder am Schreibtisch arbeiten musste, wendete ich die Pomodoro-Methode stärker an. Sie half mir dabei, meine To-Dos schneller und effizienter zu organisieren. An solchen Tagen, an denen ich Meetings mit Mitarbeitern oder persönliche Coaching-Sitzungen mit Kunden hatte, setzte ich die Pomodoro-Methode aus, da es unmöglich war, immer nach 25 Minuten eine fünfminütige Pause einzulegen. Dennoch erlebte ich durch diese Art der Anwendung der Pomodoro-Technik eine exponentielle Steigerung meiner Produktivität. Ich konnte dadurch meine Aufgaben besser einteilen und mehr schaffen.

So kann die Pomodoro-Methode für Sie funktionieren:

Arbeiten Sie mit einer Stoppuhr oder mit einer Timer-App

Da Sie einen Zeitstempel erstellen müssen, eignet sich eine Stoppuhr oder App am besten, um die 25-Minuten-Intervalle festzulegen. Es ist fast unmöglich, sich ohne Zeitnehmer zur Pomodoro-Methode zu disziplinieren. Das manuelle Überprüfen der Zeit wird zu mehr Enttäuschungen als zu Erfolgen führen. Außerdem werden Sie, sobald Sie in der Arbeit vertieft sind, zwangsläufig Ihr Timing vergessen.

Sie können die Pomodoro-Zeitnehmer-App aus dem iTunes-Store für Apple-Benutzer herunterladen. Oder versuchen Sie ClearFocus für Android-Benutzer.

Singletasking, kein Multitasking

Es sollte mittlerweile klar sein, welche Gefahren und Nachteile Multitasking mit sich bringt. Um Ihre Produktivität zu steigern, sollten Sie versuchen, Singletasking zu betreiben, indem Sie einem 25-Minuten-Intervall nur eine Aufgabe zuweisen. Wenn Sie mehr als ein einziges 25-Minuten-Intervall benötigen, um diese Aufgabe zu erledigen, dann verwenden Sie so viele 25-Minuten-Intervalle wie nötig, aber achten Sie darauf, dass Sie nicht mehr Zeit aufwenden, als eine einzelne Aufgabe normalerweise dauern sollte.

Seien Sie diszipliniert

So sehr Sie auch flexibel sein wollen, es hilft, wenn Sie sich an die Pomodoro-Technik halten, um den maximalen Nutzen zu erzielen. Es ist oft verlockend, die Pausen auszulassen und weiterzuarbeiten, vor allem, wenn Sie knappe Fristen einhalten müssen. Sie müssen sich jedoch an Ihre Pausen halten, genauso wie Sie sich an die Aufgabenintervalle halten müssen.

Setzen Sie sich tägliche Ziele

Wie wir bereits besprochen haben, sollten Sie sich Tagesziele setzen, die mit den Aufgaben für den jeweiligen Tag übereinstimmen. Jede Tagesaufgabe sollte sich auf 25 Minuten Arbeitszeit und 5-minütige Pausen beziehen. Verwenden Sie so viele 25 Minuten und 5-Minuten-Pausen, wie es die Tagesaufgaben zulassen. Verlängern Sie die Pausen nach den ersten vier Intervallen von 5 Minuten auf 15 Minuten.

Bleiben Sie auf Ihre Aufgaben konzentriert

Es wird zwangsläufig zu Unterbrechungen, anderen dringenden Angelegenheiten oder Notfällen kommen. Sie müssen es sich jedoch zur Gewohnheit machen, sich 25 Minuten auf Ihre Arbeit zu konzentrieren und 5 Minuten Pause zu machen. In dem Moment, in dem Sie Unterbrechungen zulassen, werden andere Menschen die Gelegenheit nutzen, um Sie zu stören. Sie werden am Ende des Tages wenig erreichen, wenn es zu viele Störungen gibt.

Vermeiden Sie das Lesen von E-Mails und eliminieren Sie Ablenkungen durch soziale Medien

Nur weil E-Mails ein Teil Ihrer Arbeitstätigkeiten sind, heißt das nicht, dass Sie E-Mail-Unterbrechungen zulassen müssen. Checken Sie Ihre E-Mails nicht, wenn Sie sich um eine bestimmte 25-minütige Aufgabe kümmern, und auch nicht während der 5-minütigen Pausen. Die 5-Minuten-Pausen sind für nicht arbeitsbezogene Aktivitäten gedacht, die Ihnen etwas Zeit zum Erholen geben. Wenn Sie 5 Minuten mit einer anderen Aufgabe verbringen, bedeutet das, dass Sie Ihrem Gehirn keine Auszeit gegönnt haben.

In Ihrem Tagesplan sollte es eine bestimmte Zeit für die Bearbeitung von E-Mails geben. Sie können an einem normalen Arbeitstag zwei- bis dreimal am Tag Ihre E-Mails checken. Dadurch vermeiden Sie Unterbrechungen durch E-Mails oder soziale Medien während der entscheidenden Arbeitszeiten.

Genießen Sie Ihre Pausen

Wenn die 5-Minuten-Pausenintervalle nicht zum Arbeiten gedacht sind, was sollen Sie dann in diesen Pausen machen? Fünf Minuten sind nicht sehr viel Zeit. Nutzen Sie Ihre Pausen, um sich auf nicht arbeitsbezogene Aktivitäten zu konzentrieren. Nur so werden Sie nach der Pause körperlich und geistig wach sein. Der Grund dafür, dass die Pause nicht länger als 5 Minuten dauern sollte, besteht darin, dass sich Ihr Körper nicht auf die Ruhephase einstellen und aus dem Arbeitsmodus kommen darf.

Um die 5 Minuten effektiv zu nutzen, können Sie von Ihrem Arbeitsplatz aufstehen und etwas umherlaufen oder sich eine Tasse Kaffee holen. Gehen hilft, Spannungen im Körper zu lösen und die Muskeln zu lockern. Wenn Sie einen tiefen Atemzug machen, füllen Sie Ihre Lungen mit Sauerstoff auf, was wiederum zu zahlreichen Vorteilen für Ihr Gehirn und Ihren Körper führt. Der Sauerstoff, der im Gehirn freigesetzt wird, wirkt wie ein Schub, der Ihnen dabei helfen kann, den Fokus aufrechtzuerhalten. Wenn Ihr Körper entspannt ist, fällt es Ihnen leichter, effizient zu arbeiten, und Sie können täglich schwierigere Aufgaben bewältigen.

Kurz gesagt, probierte ich die Pomodoro-Technik selbst aus und ging schließlich dazu über, diese Methode meinen Kunden zu empfehlen. Aus persönlicher Erfahrung kam ich zu dem Schluss, dass die Pomodoro-Methode vielleicht nicht in den Arbeitsplan oder Lebensstil einer jeden Person passt. Man kann diese Methode jedoch bei der Lösung verschiedener arbeitsbezogener Situationen anwenden. Der Vorteil für mich persönlich besteht darin, dass ich durch die Pomodoro-Methode bei büro- und arbeitsbezogenen Aufgaben produktiver sein kann.

Andere bewährte Strategien zur Verbesserung von Konzentrationsvermögen und Effizienz

Definieren Sie Ihr Ziel klar und deutlich

Wenn Sie Ablenkungen reduzieren und Ihre Energie fokussieren wollen, dann müssen Sie Ihre Ziele klar formulieren, indem Sie sie aufschreiben. Der Nutzen eines klar formulierten Ziels besteht darin, dass es Sie dazu zwingt, sich auf die Dinge zu konzentrieren, die für Ihre Arbeit wirklich wichtig sind. Wenn Sie Ihre Ziele nicht festgelegt haben, wird es schwieriger sein, die Pomodoro-Methode anzuwenden. Es ist am besten, wenn Sie definierte Ziele haben, um den Aufbau von 25 Minuten Arbeit und 5-Minuten-Pausen zu planen.

Außerdem ermöglicht das Niederschreiben Ihrer Ziele den Abbau von mentalen Blockaden. Sie können den Prozess der Erledigung von Aufgaben visualisieren und sich möglicherweise vorstellen, wie es am Ende aussehen wird. Wenn Sie Ihre Ziele formulieren, denken Sie daran, sich aufzuschreiben, was Sie mit diesem Ziel erreichen wollen und warum. Diese letzten Punkte helfen Ihnen dabei, sich selbst zu motivieren, Ihre Ziele zu verfolgen.

Nehmen Sie sich Zeit

Es scheint manchmal so, als ob Sie nicht fleißig sind, wenn Sie die Dinge langsam angehen, aber das stimmt nicht. Erfolg ist kein Sprint und keine Reise, sondern ein Ziel. Erfolg ist dort, wo Sie sein wollen, und jeder geht in seinem eigenen Tempo. Das Arbeiten in einem bestimmten Tempo gibt Ihnen das Gefühl, die Kontrolle zu haben und sich nicht überfordert zu fühlen. Wenn Sie an Aufgaben arbeiten, die eine Menge geistige Energie erfordern, ist eine einfache Arbeitsweise eine Disziplin, die Sie lernen müssen. Das Arbeiten in einem definierten Tempo ermöglicht es Ihnen, auf kritische Details zu achten, und genau so sollten Sie Ihre Aufgaben mit der Pomodoro-Technik strukturieren. Bei einem solchen

Tempo werden Sie nach qualitativen Inhalten streben und nicht gegen die Zeit ankämpfen.

Können Sie es jetzt tun?

Manche Aufgaben erscheinen Ihnen hektisch, und Sie sind vielleicht versucht, sie auf später zu verschieben. Am Ende erledigen Sie sie jedoch gar nicht oder warten, bis diese Aufgaben dringend und wichtig werden. Wenn Sie eine Aufgabe bis zur letzten Minute aufschieben, erhöht dies den mentalen Druck auf Ihr Gehirn. Untersuchungen zeigen, dass mindestens 15 % der Erwachsenen die Dinge, die sie tun müssen, aufschieben. Prokrastination kann Ihnen die Motivation rauben und Ihnen das Gefühl geben, dass Sie so viel zu tun und so wenig Zeit haben, um die Dinge zu erledigen. Dieses Gefühl kann die Qualität Ihrer Arbeit beeinträchtigen. Mit der Zeit kann Prokrastination zu einer Gewohnheit werden, die zu einem niedrigen Selbstwertgefühl führt. Sie können dieses Gefühl jedoch vermeiden, indem Sie sich strenge Fristen setzen, die Aufgaben in einzelne Teilbereiche aufteilen und im Voraus planen.

Eine Strategie, die gegen Prokrastination helfen kann, ist die Zwei-Minuten-Regel. Mithilfe dieser Regel erledigen Sie jede Aufgabe, die nur etwa zwei Minuten in Anspruch nimmt, sofort. Lassen Sie nicht zu, dass solche Aufgaben auf die Liste der unerledigten Aufgaben kommen. Einige dieser Tätigkeiten sind das Senden einer E-Mail oder das Aufräumen Ihres Schreibtisches. Stellen Sie jedoch sicher, dass alle Aufgaben in Ihrer To-Do-Liste geplant sind.

Werden Sie Teil des 5-A.M.-Clubs

Erinnern Sie sich an Robin Sharmas „5-A.M.-Club"? Kehren Sie zurück zu Kapitel zwei, um mehr über dieses Thema zu erfahren. Wenn Sie früh am Morgen aufstehen, um Ihren Tag zu planen und ein wenig Sport zu treiben, wird es Ihnen leichter fallen, das Beste aus der Pomodoro-Methode herauszuholen. Die Verwendung der 20/20/20-Formel kann Sie ebenfalls darin unterstützen, Ihren Tag zu planen, sich ausreichend zu bewegen und darüber nachzudenken, welche Dinge Ihnen heute zum Erfolg verhelfen werden.

Auf diese Weise können Sie sich entspannen und produktiver werden, was Ihnen wiederum den nötigen Schub gibt, um die Aufgabe des Tages anzupacken.

Förderliches Umfeld

Ein unfreundliches Arbeitsumfeld zerstört die Motivation und kann zu Konzentrationsverlusten führen. Gestalten Sie Ihre Arbeitsumgebung einladender und komfortabler. Verschiedene Aspekte wie die Farbe des Büros, der Möbel und der Vorhänge können Ihre Stimmung während der Arbeit heben. Farben kommunizieren Traurigkeit oder Glück und Aufregung. Normalerweise wirken hellere Farben wie Grün am besten für die Motivation. Das Gleiche gilt für die Beleuchtung. Eine schlecht beleuchtete Umgebung kann eine Belastung für die Augen darstellen. Die Beleuchtung kann zudem für eine lebhafte oder melancholische Atmosphäre sorgen.

Achten Sie auf die Sitzanordnung im Büro, da eine ungeschickte Sitzanordnung ebenfalls die Konzentration beeinträchtigen kann. Ein überfülltes Büro führt zu Ablenkung und Unannehmlichkeiten. Die Belüftung und schneller Zugang zu Versorgungseinrichtungen wie der Toilette usw. helfen Ihnen dabei, sich besser zu konzentrieren. Auch Musik kann bei der Verbesserung der Konzentration helfen, da Musik angenehme Gefühle und Gedanken fördert. Zudem kann Musik Ihren Geist stimulieren und Ihnen dabei helfen, sich zu entspannen. Mit Hilfe von Musik können Sie Ihre Gedanken kanalisieren und unterbewusste Ablenkungen überwinden. Die Auswahl der Musik bestimmt jedoch den Nutzen, den Sie daraus ziehen. Musik mit Gesang kann dafür sorgen, dass Sie zu viel nachdenken und sich weiter ablenken lassen. Aus diesem Grund verbessert Instrumentalmusik die Konzentration oft auf effektivere Weise.

Aufgaben delegieren

Wir werden im nächsten Kapitel mehr über das Thema Delegieren sprechen. Mit Hilfe der Delegation lassen sich Verantwortungsbereiche aufteilen. Zudem erhöht sich Ihre Kapazität, sodass Sie mehr Aufgaben bewältigen können. Außerdem können Sie durch Delegation effizienter werden und gleichzeitig die Qualität Ihrer Arbeit verbessern. Delegation fördert ebenfalls die Aspekte Kreativität und Flexibilität, da mehr mitwirkende Personen möglicherweise bessere Ideen bedeuten, wie eine Aufgabe zu erledigen ist.

Der eigentliche Wert der Pomodoro-Methode liegt in der Fähigkeit, in möglichst kurzer Zeit mehr Aufgaben zu erledigen und dabei Ihre Konzentration aufrechtzuerhalten. Planen Sie daher Arbeits- und Pausenzeiten entsprechend ein. Um bei jeder innovativen Idee, einschließlich der Pomodoro-Methode, erfolgreich zu sein, sind Zusammenarbeit und Disziplin erforderlich. Niemand kann Ihnen zum Erfolg verhelfen, wenn Sie es nicht selbst versuchen.

Zusammenfassung des Kapitels

- Das Gefühl „Ich habe so viele Aufgaben und so wenig Zeit, um sie zu erledigen" kann zu einem Nachlassen der Konzentration führen.
- Die Pomodoro-Methode ist ein Zeitmanagement-Tool, das Ihnen dabei hilft, Ihre Energie auf die Erledigung der entscheidenden Aufgaben zu konzentrieren und so Ihre Konzentration und Produktivität zu steigern.
- Die Technik funktioniert, indem Sie Ihre Arbeitszeit in 25 Minuten gewissenhafte und konzentrierte Arbeit und 5-minütige Pausen aufteilen.
- Die Pomodoro-Technik hilft Ihnen dabei, die Aufgaben des Tages in kleinere überschaubare Abschnitte von 25 Minuten aufzuteilen, damit Sie sich besser konzentrieren können.

- Mit Hilfe der Pomodoro-Technik können Sie Ablenkungen reduzieren oder dafür sorgen, dass Sie sich während kritischer Arbeitszeiten nicht auf weniger wichtige Aufgaben konzentrieren.
- Die Nutzung eines Pomodoro-Timers bzw. einer Stoppuhr sowie Singletasking anstelle von Multitasking ist eine leistungsstarke Pomodoro-Strategie zur Verbesserung der Produktivität.
- Setzen Sie sich tägliche Ziele und halten Sie diese ein, um die Produktivität zu steigern.
- Ihre 5-Minuten-Pausen sollten nur zur Entspannung und nicht zur Konzentration auf die Arbeit genutzt werden.
- Um mit der Pomodoro-Methode erfolgreich zu sein, müssen Sie sich auf einen Plan festlegen, Prokrastination vermeiden und an den Stellen, an denen es nötig ist, delegieren.

Im nächsten Kapitel erfahren Sie, wie Sie effektiv delegieren können, um mehr Aufgaben zu erledigen und die Produktivität zu steigern.

KAPITEL ZEHN

Wie Sie Aufgaben delegieren

Einige Denkschulen sagen Folgendes: „Wenn Sie wollen, dass etwas richtig gemacht wird, dann machen Sie es selbst." Doch auch wenn es sinnvoll ist, Dinge selbst zu erledigen, so lautet die große Frage dennoch, wie viel eine einzelne Person wirklich allein erreichen kann. Als Napoleon Bonaparte die obige Aussage aufstellte, hatte er wahrscheinlich die Notwendigkeit vor Augen, Strukturen und Strategien auf den Führungsebenen zu schaffen, damit die Ausführung von Aufgaben reibungslos verläuft. Ich kam zu diesem Schluss, weil Napoleon ein großer französischer Staatsmann und Kaiser war. Er kam nach der Französischen Revolution im Jahr 1799 an die Macht und eroberte große Teil von Europa. Wenn er die Ausführung von Aufgaben ganz ohne die Hilfe anderer gemeint hätte, bezweifle ich, dass Napoleon im Krieg siegreich gewesen wäre, da er mit seinem Kabinett, seinen Generälen und einer großen Truppe von Soldaten zusammenarbeiten musste, um erfolgreich zu sein.

Delegation ist ein nützliches Management-Tool für die Erreichung von persönlichen und unternehmerischen Zielen. Es passiert jedoch schnell, dass Sie zu wenig oder zu viele Aufgaben delegieren. Um ein Gleichgewicht zu finden, ist es entscheidend, dass Sie wissen, wie Sie delegieren müssen.

Delegation ist eine entscheidende Fähigkeit und als solche ergibt es Sinn, dass Führungskräfte lernen, Projekte oder Aufgaben zu delegieren bzw. auszulagern. Delegieren spart viel Zeit, reduziert die Arbeitsbelastung und lässt genügend Zeit für wichtigere Aufgaben. Wenn Sie Aufgaben an qualifizierte oder erfahrene Untergebene (freiberuflich oder intern) vergeben, steigert dies die

Produktivität. Auch die Investition in die Ausbildung des eigenen Personals ist wertvoll.

Was versteht man unter Delegation?

Unter Delegation versteht man den Akt der Übertragung von Befugnissen oder Macht an andere Personen, damit diese in Ihrem Namen Aufgaben ausführen. Wenn Sie delegieren, weisen Sie Untergebenen Verantwortlichkeiten mit spezifischen Vorgaben für die Ausführung dieser Aufgaben zu. Während die Verantwortung für die Ausführung der Aufgabe bei den Mitarbeitern liegt, muss der Vorgesetzte für die richtige Kommunikation, das Verständnis und die Einhaltung von Standards und Fristen sorgen. Delegation umfasst also die Fähigkeit, die jeweiligen Talente der Teammitglieder zu erkennen und für die Ziele der Führungskraft umzusetzen. Ein hohes Maß an Produktivität ist der Lohn für die Delegation und der Arbeitsablauf wird reibungsloser und weniger stressig, wenn Sie delegieren.

Gründe, warum Führungskräfte nicht delegieren

Verlust von Autorität

Einigen Managern fällt es schwer, zu delegieren, weil sie das Gefühl haben, ihre Autorität an jemand anderen abzugeben. Die meisten Menschen sehen das Delegieren als ein Zeichen von Schwäche oder denken, dass die andere Person schlechte Arbeit abliefern wird. Wenn Sie jedoch anderen Personen die Verantwortung überlassen, zeugt das nicht von Schwäche, sondern von Ihrer Fähigkeit, anderen zu vertrauen. Auf diese Weise finden Sie zudem heraus, wie gut Sie Ihre Stärke in anderen Personen duplizieren können, indem Sie effektiv kommunizieren oder andere schulen. Delegation ist ein Werkzeug, das von äußerst effektiven Managern genutzt wird.

Niemand kann es besser

Ein weiterer Mythos oder Irrglaube zum Thema Delegation besteht darin, dass niemand anderes eine bestimmte Aufgabe besser erledigen kann als Sie. Die Wahrheit ist jedoch, dass Delegation in den meisten Fällen Kreativität und unterschiedliche Sichtweisen in ein Projekt einbringt.

Verzögerungen bei der Durchführung der Aufgabe

Auch hier sind einige Leute der Meinung, dass das Delegieren einer Aufgabe zu Verzögerungen führt. Es stimmt zwar, dass Sie Ihre Mitarbeiter auf den neuesten Stand bringen müssen, bevor diese eine Aufgabe angemessen ausführen können, doch wie viel kann eine Führungskraft allein schaffen? Einige dieser Probleme können mit der richtigen Schulung der Teammitglieder gelöst werden. Allein zu arbeiten schränkt Ihre Fähigkeit ein, mehr Aufgaben zu erledigen. Eine einzelne Person kann wenig erreichen, doch zusammen schafft ein Team mehr. Delegation hilft Ihnen nicht nur dabei, die Arbeitsleistung zu verdoppeln und Zeit zu sparen, sondern erhöht auch die Qualität der abgelieferten Arbeit.

Warum Führungskräfte delegieren

Der größte Teil der Arbeit landet immer auf dem Tisch der Führungskraft. Dieses Phänomen erzeugt ein gewisses Maß an Panik und schreckt die Führungskräfte vom Delegieren ab. Die Frage für die meisten Führungskräfte lautet jedoch: Wie soll ich delegieren? Wenn Sie delegieren, verlieren Sie nicht an Autorität, sondern teilen Ihre Autorität, sodass mehr Aufgaben erledigt werden können.

Ein Unternehmen besitzt mehrere wichtige Aspekte in Bezug auf seine Funktionen. Führungskräfte werden täglich mit den Bereichen Marketing, Verkauf, Produktion, Vertrieb, Koordination der Mitarbeiter und vieles mehr konfrontiert. Die einzige Möglichkeit, diese Aufgaben erfolgreich auszuführen, besteht darin, anderen Personen zu erlauben, mit Ihnen zusammenzuarbeiten, während Sie sich auf die Strategie des Unternehmens konzentrieren. Kein

Unternehmen kann erfolgreich sein, wenn sich die Führungskraft in die täglichen Arbeitsabläufe der einzelnen Abteilungen vergräbt. Der Manager muss treuen Mitarbeitern Teile seiner Befugnisse anvertrauen, während er sich auf die Strategien zur Erweiterung des Unternehmens konzentriert. Manager können sich auf das große Ganze konzentrieren, wenn sie lernen, zu delegieren.

Erhöhte Kapazität

Wenn sich ein Manager überfordert fühlt, dann ist es ein kluge Idee, ein System zur Arbeitsteilung zu entwickeln. Warum drei Monate lang zwischen sechs Aufgaben hin- und herpendeln, wenn Sie zwei Teams oder vier Personen damit beauftragen könnten? Die Angst, Qualität zu verlieren oder Fristen nicht einhalten zu können, wird mit der Zeit zu einer geringeren Qualität der Arbeitsleistung sowie zu mehr Terminproblemen führen. Wenn das Management-Team nicht delegiert, treten mehr Burn-outs auf, als nötig wären.

Mehr Gründe, um Aufgaben zu delegieren:

- Der Entscheidungsprozess und die Befehlskette werden durch Delegieren sichtbarer und operativer. Zudem können Sie durch die Delegierung von Aufgaben einen besseren Talentpool innerhalb des Teams schaffen. Durch die Zuweisung von Befugnissen können Ihre Mitarbeiter bessere Kommunikationsfähigkeiten, ausreichende Motivation, Aufsicht/Anleitung und Führungseigenschaften entwickeln.

- Delegieren macht die Beziehung zwischen Vorgesetzten und Mitarbeitern sinnvoller und verständlicher. Die Autorität bzw. die Entscheidungsgewalt kann innerhalb eines Unternehmens einfach von oben nach unten fließen. Durch diese anerkannte Hierarchie sind Ergebnisse durchaus realisierbar.

- Wenn Sie Aufgaben sowohl an Untergebene als auch an Vorgesetzte delegieren, kann dies zu einer Erweiterung des Unternehmens führen. Diese Entwicklung führt unweigerlich dazu, dass mehr Führungspositionen geschaffen werden und möglicherweise mehr Mitarbeiter benötigt werden. Dies ist ein wesentlicher Faktor für ein Unternehmen, das ein horizontales oder virtuelles Wachstum anstrebt, sodass es ein Pluspunkt ist.

- Effektives Delegieren kann dazu beitragen, dass Ihre Mitarbeiter innerhalb des Prozesses regelrecht aufblühen. Denn Ihre Mitarbeiter erhalten das Gefühl, dass sie nicht nur eine kleine Nummer im Getriebe sind, sondern im Mittelpunkt des Geschehens stehen. Sie sind motiviert zu arbeiten, weil sie das Gefühl haben, wichtig zu sein. Auf diese Weise kann eine Führungskraft für mehr Arbeitszufriedenheit innerhalb der Belegschaft sorgen, was wiederum zu Stabilität und gesunden Beziehungen führt.

- Das Delegieren von Verantwortungen hält Sie in Bezug auf die zu erledigenden Aufgaben auf dem Laufenden und versetzt den Manager in die Position eines „Verteilersystems" bzw. eines „Kraftwerks" und nicht in die Rolle eines „Reservoirs". Je mehr Sie Ihren Mitarbeitern erlauben, sich weiterzuentwickeln, desto selbstbewusster werden diese. Je mehr Selbstvertrauen Ihre Mitarbeiter haben, desto effizienter und produktiver werden sie sein. Am Ende wird dies schließlich zu einer Verbesserung der Qualität der Arbeit innerhalb des Unternehmens führen.

- Delegieren dient Führungskräften als Schulungsmaßnahme von Untergebenen. Delegieren ist ein wichtiges Werkzeug für effektive Planung, Entwicklung sowie für Beförderungen. Das Delegieren von Aufgaben ermöglicht es Ihren Mitarbeitern also, Erfahrungen zu sammeln und in ihrer Rolle zu wachsen.

Einfache Delegierungstricks

Damit der Delegierungsprozess effektiv funktioniert, muss dieser systematisch und prozessorientiert sein und Zeitpläne, Kontroll- sowie Ausgleichsmechanismen enthalten. Es geht nicht nur um die Zuweisung von Aufgaben und Verantwortung, sondern darum, wie Sie die Delegierungsmethoden beherrschen. Delegieren ist eine Fähigkeit, die trainiert werden muss. Wenn Sie Bücher lesen, wie z. B. dieses hier, erhalten Sie einen besseren Einblick in die Thematik. Hier sind ein paar Schritte, wie Sie effektiv und effizient delegieren können:

Bestimmen Sie die Aufgaben, die Sie delegieren möchten

Der erste Schritt beim Delegieren besteht darin, zu entscheiden, welche Aufgaben und Verantwortlichkeiten Sie welchen Mitgliedern des Teams zuweisen. Teilen Sie die Aufgaben in kleinere Einheiten auf, damit alle das richtige Verständnis für das Ziel haben. Zum Beispiel sollten kleine Aufgaben wie Flugbuchungen, das Planen von Meetings oder das Beantworten von E-Mails zu den Aufgaben eines Assistenten gehören. Einige dieser logistischen Aufgaben scheinen nicht viel Zeit in Anspruch zu nehmen, es gibt jedoch produktivere Verwendungsmöglichkeiten für Ihre Zeit.

Entscheiden Sie sich für die Aufgaben in der Liste, die Ihnen am besten liegen, sowie für diejenigen, die besser von jemand anderem erledigt werden können. Vielleicht sind Sie in bestimmten Bereichen nicht sehr geschickt und die Erledigung der Aufgabe nimmt viel Zeit in Anspruch. Dann ist es ideal, eine solche Aufgabe an eine Person zu delegieren, die besser darin ist als Sie, vorausgesetzt, diese Person hat ein klares Verständnis für Ihre Anweisungen. Es gibt einige Aufgaben, die Ihre persönliche Aufmerksamkeit erfordern, aber um Ihnen bei der Planung zu helfen, können Sie Aufgaben basierend auf der Stellenbeschreibung, den Rollen im Büro oder der Bezeichnung zuweisen. Wenn Sie Senior-, Mid-Level-Manager und Junior-Mitarbeiter haben, können

Sie Aufgaben basierend auf der Ebene der Autorität und der erforderlichen Aufmerksamkeit zuweisen. Sie können auch anhand von individuellen Stärken und Fähigkeiten entscheiden, welche Aufgaben Sie welchem Mitarbeiter geben.

Berücksichtigen Sie zeitliche Einschränkungen

Durch das Delegieren von Aufgaben haben Sie mehr Zeit, um sich auf das große Ganze zu konzentrieren. Sie können sich also auf die Feinheiten des Geschäfts und die Strategien fokussieren, die zum Erreichen des Unternehmensziels erforderlich sind. Wenn Sie Aufgaben zuweisen kann es vorkommen, dass nicht alle Mitglieder Ihres Teams die Aufgaben so schnell erledigen können, wie Sie es vielleicht von ihnen erwarten. Dieses Vorgehen könnte mit ihrer Persönlichkeit oder mit ihren Stärken in bestimmten Bereichen zu tun haben. Aus diesem Grund müssen Sie als Führungskraft bzw. Teamleitung Ihre Teammitglieder sehr gut kennen, wenn Sie entscheiden, wer welche Aufgabe übernimmt.

Denken Sie daran, dass der Zweck des Delegierens ein reibungsloser Arbeitsablauf ist. Sie wollen schließlich keine Deadline verpassen oder sich überlastet fühlen. Auch wenn Sie gut darin sind, eine Aufgabe zu erledigen, kann es passieren, dass die Zeit nicht auf Ihrer Seite ist. Ein zeitkritisches Projekt sollte dann in schnelle und ähnlich fähige Hände gegeben werden.

Bestimmen Sie, an wen Sie jede Aufgabe delegieren werden

Es ist von entscheidender Bedeutung, die Stärken und Schwächen eines jeden Mitarbeiters im Team zu kennen. Auf diese Weise können Sie bestimmen, welcher Verantwortungsbereich an die einzelnen Mitarbeiter delegiert werden soll. Aus der Liste der vorbereiteten Aufgaben ordnen Sie jeder Person eine Aufgabe zu, die auf ihren Stärken basiert.

Ein kritischer Blick auf die Fähigkeiten und Persönlichkeitsstruktur Ihrer Mitarbeiter kann Ihnen Hinweise darauf geben, welche

Person eine Aufgabe übernehmen sollte. Eine Aufgabe, die Teamarbeit erfordert, an eine einzelne Person zu delegieren, weil sie ein Überflieger ist, könnte sich als suboptimal erweisen. Einer Person, die Teamarbeit nicht mag, die Rolle des Teamleiters zu geben, könnte demotivierend wirken oder den Arbeitsfortschritt verlangsamen. In manchen Situationen lernen Einzelkämpfer, zu Teamplayern bzw. zu tollen Führungskräften zu werden, sobald sie die Gelegenheit dazu bekommen. Auch arbeiten manche Menschen besser in einem Team als allein. Es ist Ihre Aufgabe als Führungskraft, diese Eigenschaften in Ihren Mitarbeitern zu erkennen und zu nutzen.

Bei flexiblen Aufgaben kann es manchmal auch hilfreich sein, den Mitarbeitern die Wahl zu lassen, welches Projekt sie ausführen möchten, um größere Erfolge bei der Arbeit zu erzielen. Wenn sich Personen ein Projekt zu eigen machen können, fühlen sie sich bei der Arbeit motivierter. Meistens wählen die Leute Projekte aus, die sie lieben oder für die sie eine Leidenschaft haben und bei denen sie wahrscheinlich hervorragende Ergebnisse erzielen werden.

Seien Sie gerecht in Bezug auf das Delegieren

Drücken Sie bei der Zuweisung von Aufgaben Ihr Vertrauen in die Fähigkeiten Ihres Untergebenen aus, delegieren Sie aber dennoch objektiv. Legen Sie von Anfang an einen Zeitplan für das Projekt fest, um zu vermeiden, dass Sie Ihre Mitarbeiter unter Druck setzen, während sie arbeiten. Wenn Sie sich ständig einmischen, dann kann es passieren, dass das Team nervös wird oder dass es seinen Fähigkeiten nicht mehr traut. Erlauben Sie Ihrem Team, Probleme selbständig zu lösen. Was nützt es schließlich, Verantwortung zu delegieren, wenn Sie Ihre Mitarbeiter dennoch mikromanagen wollen?

Seien Sie sich von Anfang an über Ihre Erwartungen im Klaren, und geben Sie detaillierte Anweisungen. Geben Sie die Ziele, die Vision und die Meilensteine vor, die Ihr Team erreichen soll.

Wenn Ihr Team etwas Wichtiges übersieht, dann erklären Sie es allen Teammitgliedern noch einmal. Machen Sie Ihren Mitarbeitern klar, dass Sie ihnen vertrauen und sehen wollen, dass sie sich weiterentwickeln. Sobald Ihre Mitarbeiter das Gefühl bekommen, dass Sie sich auf sie verlassen, werden sie eher gute Arbeit abliefern.

Laut Jeffrey Pfeffer, dem Thomas D. Dee II Professor für Organisationsverhalten an der Graduate School of Business der Universität Stanford, könnte es Ihre wichtigste Aufgabe als Führungskraft sein, Ihren Untergebenen beizubringen, wie man denkt und die richtigen Fragen stellt.

Vermeiden Sie es, Teammitglieder miteinander zu vergleichen, da jeder Mensch einzigartige Eigenschaften und Qualitäten hat. Nicht alle Menschen haben die gleiche Geschwindigkeit, die gleichen Fähigkeiten oder das gleiche IQ-Niveau. Jeder Mensch arbeitet auf seiner individuellen Ebene, was Sie stets berücksichtigen sollten. Einige Mitarbeiter benötigen vielleicht Motivation und eine positive Einstellung von Ihnen, während andere vielleicht keine Motivation benötigen. Nehmen Sie sich die Zeit, die Charaktereigenschaften zu studieren, da dies für den Delegierungsprozess von großer Bedeutung ist.

Tipps, um Aufgaben zu delegieren

Delegieren Sie unverzüglich

Lernen Sie früh genug, Aufgaben zu delegieren, um unnötigen Druck zu vermeiden. Geben Sie vernünftige Zeitvorgaben für die Durchführung von Projekten vor. Zeitdruck und der Drang, Fristen einzuhalten, können zu minderwertiger Leistung oder Fehlern beim Projekt führen. Als Führungskraft müssen Sie lernen, zu erkennen, ob ein Projekt zur Delegation geeignet ist. Diese Fähigkeit wird Ihnen dabei helfen, Zeit zu sparen, wenn Sie sich nicht selbst um die Aufgaben kümmern können oder darauf warten, diese zu delegieren.

Jahrelange Erfahrung und Qualifikation können Ihnen bei der Entscheidung helfen, wie Sie delegieren sollen

Bei der Zuweisung von Aufgaben können individuelle Fähigkeiten, Talente und Persönlichkeit, langjährige Erfahrung, Fachwissen, akademische Qualifikation und Berufserfahrung helfen. Menschen mit verschiedenen Hintergründen können einem Projekt einen größeren Mehrwert verleihen, als wenn Sie sich nur auf Ihre Fähigkeiten oder Ihr Fachwissen verlassen.

Seien Sie explizit in Bezug auf Kontext und Anweisungen

Übergeben Sie nicht einfach die Aufgabe an Ihre Mitarbeiter und erwarten Sie, dass sie das Ganze selbst herausfinden. Ein angemessener Leitfaden, der alle Aufgaben und Erwartungen enthält, kann eine Menge bewirken. Es ist immer ratsam, dass das Team mit einer dokumentierten Aufgabenbeschreibung arbeitet, anhand derer sich die Mitarbeiter gegenseitig in die Pflicht nehmen können. Stellen Sie sicher, dass der Teamleiter Sie über seine Pläne (mit einem Bericht) auf dem Laufenden hält, um sicherzustellen, dass alles den Vorgaben entspricht, bevor es weiter geht. Unklarheiten in Bezug auf die Anweisungen können zu einer fehlerhaften Ausführung von Projekten oder Verschwendung von Ressourcen und Zeit führen.

Sorgen Sie dafür, dass Ihre Mitarbeiter in die Pflicht genommen werden

Alle Befehlsketten sollten von den Teammitgliedern vollständig verstanden werden, damit das Team effizient arbeiten kann. Einige Projekte erfordern möglicherweise Zugang zu Geldmitteln, Logistik und anderen Ressourcen. Teilen Sie Ihrem Team stets mit, mit wem es sprechen kann, um diese Dinge zu erhalten. Stellen Sie sicher, dass das Team im Falle von Problemen Zugriff auf den Kommunikationskanal hat. Wenn Sie nicht anwesend sind, weisen Sie eine Person zu, die Berichte entgegennimmt und bei dringenden Angelegenheiten Maßnahmen ergreift. Bei allem, was

Sie tun, sollten Sie dafür sorgen, dass Ihr Team die Vorarbeit leistet und die Initiative für die täglichen Abläufe ergreift, ohne dass Sie sich einmischen.

Schaffen Sie einen Feedback-Kanal

Als Ergänzung zum Prozess fördert die Etablierung einer offenen Kommunikation im Verlauf des Projekts die Produktivität. Schaffen Sie Zeit für das Team und würdigen Sie die Bemühungen Ihrer Mitarbeiter, indem Sie ein Feedback-System einrichten, um den Delegationsprozess in Zukunft zu erleichtern. Mit Hilfe von Feedback finden Sie heraus, wie jede Person über die Projekte, das Team und andere Themen denkt. Durch Feedback können Sie nützliche Informationen sammeln, um den Arbeitsprozess zukünftig für alle Beteiligten besser zu gestalten. Wenn wichtige Informationen aus irgendeinem Grund ausgelassen oder übersehen wurden, kann Ihnen ein solches Feedback-System zudem dabei helfen, solche Details in Zukunft im Blick zu behalten. Manche Menschen können ihre Meinung in einem Team nicht gut ausdrücken. Mit Hilfe von Feedback-Formularen, Umfragen und mehr können Sie die eine oder andere wahre Meinung von schüchternen Teammitgliedern erfahren. Wenn es an der Zeit ist, die Arbeit oder den Arbeitsprozess einer Person zu kritisieren, tun Sie dies konstruktiv und ohne Vorurteile. Kritik sollte nützlich sein und dazu beitragen, den richtigen Weg einzuschlagen, anstatt andere Menschen zu verurteilen. Daher sollte sich die Kritik auf Aktivitäten konzentrieren, nicht auf Individuen.

Stellen Sie zudem sicher, dass Sie eine Rückmeldung darüber erhalten, wie zufriedenstellend die Ausführung der Aufgabe war. Sie können auch Ihre eigene Leistung als Führungskraft in Bezug auf das Zuweisen der Aufgaben, die Klarheit der Anweisung, die Fähigkeit, das Team zu unterstützen, und mehr bewerten lassen. Mit Hilfe eines umfassenden Feedback-Systems erhalten Sie also auch nützliche Pläne und Strategien für die Delegation von Projekten.

Zeigen Sie persönliches Interesse am Arbeitsfortschritt

Versuchen Sie, nicht aufdringlich zu sein, sondern bitten Sie um Aktualisierungen und äußern Sie bei Bedarf Ihre Sichtweise. Wenn die Leistung in einem bestimmten Fall nicht dem Standard entsprechen sollte, nehmen Sie die Aufgabe nicht zurück. Bieten Sie so viel Unterstützung wie möglich an und sorgen Sie dafür, dass Ihre Mitarbeiter ein besseres Verständnis der Thematik bekommen.

Niemand hat ein Monopol auf Wissen. Aus diesem Grund sollten auch Ihre Untergebenen die Freiheit haben, Ideen mit Ihnen zu teilen. Manchmal gewinnen Sie bessere Perspektiven von denjenigen Personen, von denen Sie es am wenigsten erwarten. Da jede Person danach strebt, in Bezug auf ihre Fähigkeiten besser zu werden, müssen Sie in Lernressourcen investieren, um besser führen oder delegieren zu können.

Effektives Delegieren funktioniert besser, wenn Sie anderen Teammitgliedern dabei helfen können, an der Aufgabe zu wachsen, die richtigen Fähigkeiten zu entwickeln und abwechselnd die Verantwortung zu übernehmen. Beim Delegieren geht es um die Aspekte Autorität, Verantwortung und Rechenschaftspflicht. Führungskräfte müssen lernen, die Delegation zum Vorteil aller Mitarbeiter zu nutzen – zur Motivation, zum Wachstum und zur Entwicklung der Mitarbeiter.

Zusammenfassung des Kapitels

- Das Delegieren ist eine Fähigkeit, die jeder lernen muss, insbesondere Führungskräfte.
- Die Fähigkeit zu delegieren wird bestimmen, wie viel Erfolg ein Unternehmen oder eine Person hat. Delegieren bedeutet, die Bemühungen mehrerer Personen zu nutzen, um Aufgaben zu erledigen, anstatt einer Person zu erlauben, alles zu erledigen.

- Mit Hilfe der Delegation sparen Sie Zeit und haben so mehr Zeit für andere Aufgaben.
- Delegation reduziert die Arbeitsbelastung von Führungskräften und ermöglicht es ihnen, sich auf die wichtigsten Aufgaben zu konzentrieren.
- Wenn Sie alle falschen Vorstellungen zum Thema Delegation beiseiteschieben, können Sie größere Fortschritte machen.
- Delegieren bedeutet nicht, Ihre Autorität an andere abzugeben.
- Wenn Führungskräfte delegieren, vervielfachen Sie Ihre Arbeitsleistung und teilen diese auf ihre Untergebenen auf.
- Delegieren sorgt für Freiraum, um zu planen und Strategien für wichtigere Ziele zu entwickeln.
- Die Entscheidungsfähigkeit einer Führungskraft wird sich verbessern, je mehr sie delegiert.
- Delegation führt schnell zu Geschäftsexpansion und Wachstum.
- Sie ermöglicht es den Mitarbeitern, ihre Fähigkeiten zu erkennen und zu verbessern.
- Die Delegation sollte einem gut strukturierten Prozess folgen.
- Entscheiden Sie, welche Aufgaben delegiert werden sollen, legen Sie fest, wer was bekommt, und berücksichtigen Sie den Zeitfaktor.
- Geben Sie den Mitarbeitern, an die Sie Aufgaben delegiert haben, ausreichend Gelegenheit, die Dinge selbst herauszufinden.
- Vermeiden Sie Mikromanagement im Team; das ist das Gegenteil von Delegation.
- Wenn Sie einen effektiven Feedback-Mechanismus einrichten, können Sie sicherstellen, dass die Erledigung der Aufgaben für das Team besser funktioniert, und einen Einblick in die Herausforderungen und Erfolge der Gruppe erhalten.

- Wenn Sie eine Kultur der offenen Kommunikation einführen, wird der Arbeitsablauf reibungslos.

154

Es war ein aufregendes Abenteuer, Sie durch einige der wertvollsten Produktivitäts-Hacks zu führen, die heute verfügbar sind. Wenn Sie so weit gekommen sind und sich die Zeit genommen haben, dieses Buch durchzuarbeiten, dann wage ich zu behaupten, dass Sie es ernst meinen. Wenn Sie einen Großteil der Dinge, die Sie in diesem Buch gelernt haben, in die Praxis umsetzen, sollte der Unterschied in Ihrem Produktivitätsniveau innerhalb weniger Wochen sichtbar sein. Und innerhalb von 365 Tagen sollten Sie ein exponentielles Wachstum Ihrer Leistungen verzeichnen können.

Im Laufe dieser zehn Kapitel haben wir zehn kritische Bereiche behandelt, die Ihre Zukunft bestimmen werden. Inzwischen können Sie die Probleme bzw. Fragestellungen, mit denen Sie in Bezug auf Ihre Produktivität konfrontiert sind, klar umreißen. Es gibt drei zentrale Themenfelder, die wir in diesem Buch angesprochen haben und die mit Ihrer Produktivität in Zusammenhang stehen. Erstens die Fähigkeit, einen praktikablen Plan zu erstellen, der Ihnen dabei hilft, Ihre Lebensziele zu erreichen; zweitens die Fähigkeit, Ihre Energie zu fokussieren – am besten konzentrieren Sie sich auf die entscheidenden Dinge, die Ihren Erfolg im Leben steigern werden – und drittens Ihre Fähigkeit, die Gewohnheiten abzulegen, die Ihre Produktivität beeinträchtigen, und stattdessen Gewohnheiten zu entwickeln, die dafür sorgen, dass Sie das Leben verwirklichen können, von dem Sie immer geträumt haben.

Nachdem wir diese drei Schlüsselprobleme identifiziert haben, haben wir die folgenden bewährten Lösungen bzw. Tricks erarbeitet, die Ihnen dabei helfen, effizienter und produktiver zu werden und in Ihrer Branche zu den Besten zu gehören. Diese drei in diesem Buch empfohlenen Lösungen sind von zentraler Bedeutung für Ihren Erfolg und lauten in verkürzter Form:

Die Notwendigkeit eines praktikablen Plans

Es ist hilfreich, einen Plan zu haben, um seine Ziele zu erreichen. Das ist eine Tatsache, die dieses Buch festgestellt hat. Einen Plan nur im Kopf zu haben, ist aber kein Plan, da Sie Input und Output nicht effektiv messen können. Damit Ihr Plan effektiv funktioniert, müssen Sie eine klare Vorstellung davon haben, was Sie vom Leben wollen, und Ihre Ziele und Ihren Fortschritt schriftlich festhalten.

Ihre Ziele werden Ihnen dabei helfen, einen praktikablen Aktionsplan zu entwickeln. Stellen Sie sicher, dass Ihre Ziele mit Ihrem Lebenszweck übereinstimmen. So werden Sie wahrscheinlich erfolgreicher und leidenschaftlicher auf Ihre Ziele hinarbeiten. Außerdem ist es hilfreich, wenn Sie die richtigen Glaubenssätze verinnerlichen, die richtigen Gewohnheiten entwickeln und negative Glaubenssätze vermeiden. Wenn Sie sich Ziele setzen, sollten diese außerdem SMART sein – specific, measurable, achievable, realistic, and time-bound (spezifisch, messbar, erreichbar, realistisch und zeitgebunden).

Konzentrieren Sie Ihre Energie darauf, produktiv zu sein, indem Sie Tools verwenden, die Ihre Effizienz steigern

Ihre Erfolgsquote hängt von vielen Faktoren ab, aber das Wichtigste ist, dass Sie jetzt handeln müssen. Prokrastination ist eines der größten Hindernisse, das Menschen davon abhält, ihre Ziele zu verfolgen und zu erreichen.

Der 5-A.M.-Club von Robin Sharma stellt ein hervorragendes Werkzeug zur Steigerung Ihrer Produktivität dar. Nutzen Sie die frühen Morgenstunden, um Ihren Tag nach dem 20/20/20-Prinzip zu planen. Das bedeutet, dass Sie die ersten 20 Minuten damit verbringen, zu trainieren oder zu meditieren. Die zweiten 20 Minuten sollten Sie als Strategie-Sitzung nutzen, um Ihren Tag zu planen. Dann sollten die letzten 20 Minuten in die Entwicklung von Fähigkeiten in einem Bereich fließen, der Ihnen dabei helfen wird, Ihr großes Ziel zu erreichen.

Ein weiteres außergewöhnliches Tool, das in diesem Buch vorgestellt wurde, waren der persönliche Kanban-Planer sowie das Whiteboard. Der persönliche Kanban-Planer hilft Ihnen dabei, Ihre Aufgaben zu priorisieren und sich auf die wichtigsten Aufgaben zu konzentrieren. Er setzt sich aus drei Spalten zusammen. Die erste Spalte enthält die To-Dos bzw. die Optionen, in der Sie alle Ihre Ziele und Aufgaben auflisten. Die zweite Spalte ist die Spalte „In Bearbeitung", in der Sie die Aufgaben eintragen, an denen Sie jetzt arbeiten wollen. Die dritte Spalte ist die Erledigt-Spalte, in der Sie die Aufgaben eintragen, die Sie erledigt haben. Wenn Sie diese Informationen auf Ihrem persönlichen Kanban-Whiteboard vor sich sehen, hilft es Ihnen dabei, Ihre Energie auf sinnvolle Ziele zu fokussieren, sie zu verfolgen und mehr Aufgaben in einem schnelleren Tempo zu erledigen.

Mit dem persönlichen Kanban-Planer visualisieren Sie Ihre Aufgaben, während Sie sie planen. Mit Hilfe dieser Visualisierungstechnik können Sie sehen, wie die Erledigung der Aufgaben aussehen könnte. Zudem werden Ihr Interesse und Ihre Motivation geweckt, um die Aufgaben zu beginnen und auch zu beenden. Das zweite Prinzip des persönlichen Kanban-Planers ist die Begrenzung Ihres Arbeitsfortschritts. Dieses Prinzip bedeutet, eine Aufgabe zu beginnen und zu beenden, bevor Sie zur nächsten Aufgabe übergehen.

Das TEA-Prinzip von Zeit, Energie und Aufmerksamkeit kann Ihnen ebenfalls dabei helfen, Ihr Potenzial auszuschöpfen. Manche Menschen besitzen jedoch nur zwei dieser drei Attribute und sind deshalb nicht produktiv.

Wenn Sie Energie, Aufmerksamkeit und keine Zeit haben, dann fühlen Sie sich überfordert. Solche Menschen haben eine Menge

Energie und schenken auch den wichtigsten Aufgaben ihre Aufmerksamkeit, haben jedoch aufgrund schlechter Planung oder Prokrastination keine Zeit, um diese Aufgaben zu erledigen.

Andere Menschen wissen, wie sie ihre Zeit einteilen können und können aufmerksam sein, aber es fehlt ihnen die Energie, um ihre Aufgaben zu erledigen. In solchen Fällen führt ein Mangel an Energie oft zu Frustration. Richtiges Essen, ausreichend Schlaf, Sport und das Aufteilen von Aufgaben in kleinere Einheiten können diesen Menschen jedoch dabei helfen, besser voranzukommen.

Die dritte Kategorie von Menschen hat zwar genug Zeit und Energie, allerdings haben diese Menschen Schwierigkeiten damit, aufmerksam zu sein. Sie lassen sich leicht verwirren und überfordern. Was auch immer Sie tun, Sie brauchen die richtige Dosis an Motivation, um Erfolg zu haben. Die Anwendung wissenschaftlich fundierter Tricks, wie die High-Power-Pose, kann Ihnen dabei helfen, Ihr Motivationsniveau hochzuhalten.

Um Ihre Effizienz und Konzentration weiter zu steigern, kann die Pomodoro-Methode sehr hilfreich sein. Statt drei bis vier Stunden mit verschiedenen Aufgaben zu verbringen, die wenig Ergebnisse bringen, können Sie sich 25 Minuten lang auf eine einzige Aufgabe konzentrieren und dann eine 5-minütige Pause einlegen. Wenn Sie diese Intervalle von 25 Minuten und 5 Minuten über den ganzen Arbeitstag hinweg einhalten, können Sie mehr erledigen.

Eliminieren Sie die Gewohnheiten, die Ihre Produktivität beeinträchtigen können

Im Laufe dieses Buches haben wir mehrere Produktivitätskiller identifiziert und besprochen, womit Sie diese ersetzen sollten.

- Ersetzen Sie Multitasking durch Singletasking.
- Ersetzen Sie Prokrastination durch Aktion, indem Sie eine Aufgabe sofort erledigen (Zwei-Minuten-Prinzip).

- Anstatt allein zu arbeiten oder zu versuchen, Dinge allein zu erledigen, hilft es Ihnen, Aufgaben an andere zu delegieren, um schneller und effizienter mehr zu schaffen.

Was nun?

Betrachten Sie dieses Buch als einen persönlichen Leitfaden oder Begleiter. Die Methoden, die Sie in diesem Buch gelernt haben, können Sie ein Leben lang begleiten. Eine der besten Möglichkeiten, das Gelernte immer weiter zu verbessern, besteht darin, immer wieder in diesem Buch nachzuschlagen.

Setzen Sie das Gelernte in die Praxis um

Die in diesem Buch beschriebene Investition in die Bereiche Ressourcen und Zeit kann sich nur auszahlen, wenn Sie das Gelernte in die Tat umsetzen. Mit Hilfe von Werkzeugen wie dem persönlichen Kanban-Whiteboard, der 20/20/20-Regel von Robin Sharma, dem 80/20- oder Pareto-Prinzip, der TEA-Strategie für mehr Produktivität und der Pomodoro-Methode werden Sie mit Sicherheit zu einem Top-Performer. Sie müssen diese Strategien lediglich in die Tat umsetzen.

Finden Sie einen Freund, der Sie zur Rechenschaft zieht

Eine der besten Möglichkeiten, sich selbst dabei zu helfen, Ihre Ziele schneller zu erreichen, besteht darin, jemanden zu haben, der Sie in Bezug auf das Erreichen dieser Ziele in die Pflicht nimmt. Teilen Sie diesem Freund mit, welche Ziele Sie sich gesetzt haben, und sorgen Sie dafür, dass Sie diesem Freund gegenüber Rechenschaft ablegen müssen.

Bilden Sie Teams

Wenn Sie Teamleiter, Manager oder Geschäftsführer sind, dann können Sie Ihre Gesamtproduktivität am besten steigern, wenn andere Mitglieder Ihres Teams Zugang zu den Tools haben, die Ihnen helfen. Auf diese Weise schaffen Sie eine Lernumgebung für

Ihre Mitarbeiter bzw. Kollegen, damit auch diese einige der Strategien, die Sie gelernt haben, umsetzen können.

Mein abschließendes Geschenk an Sie

Wenn es nur eine Sache gäbe, die Sie aus diesem Buch mitnehmen könnten, dann sollte es die folgende sein: Um in jeder Disziplin ein Top-Performer zu sein, müssen Sie sich einem klar definierten Handlungsplan verpflichten. Diese Handlungen müssen durch die richtigen Überzeugungen gestützt werden, mit Disziplin verbunden sein und Schritt für Schritt vollzogen werden.

Erfolg entsteht nicht dadurch, dass man versucht, alles zu tun, sondern dadurch, dass man sicherstellt, dass man die eine Sache, die man tut, auch richtig tut.

QUELLEN UND WEITERFÜHRENDE LITERATUR

Aeon, B., Faber, A., & Panaccio, A. (2021). Does time management work? A meta-analysis. *PLOS ONE, 16*(1), e0245066. https://doi.org/10.1371/journal.pone.0245066

Alexander, L. (2021). *How to Write a SMART Goal [+ Free SMART Goal Template]*. Hubspot. https://blog.hubspot.com/marketing/how-to-write-a-smart-goal-template

American Psychological Association. (2006). *Multitasking: Switching costs*. Apa.Org. https://www.apa.org/research/action/multitask

Aubrey, A. (2008). *To Lower Blood Pressure, Open Up And Say "Om."* NPR. https://choice.npr.org/index.html?origin=https://www.npr.org/2008/08/21/93796200/to-lower-blood-pressure-open-up-and-say-om

Baer, D. (2013). *Why You Need To Unplug Every 90 Minutes*. Fast Company. https://www.fastcompany.com/3013188/why-you-need-to-unplug-every-90-minutes

Bailey, C. (2016). *The Productivity Project: Accomplishing More by Managing Your Time, Attention, and Energy*. Currency.

Benefits of Exercise. (2021). MedlinePlus. https://medlineplus.gov/benefitsofexercise.html

Bradberry, T. (2014). *Multitasking Damages Your Brain And Career, New Studies Suggest*. Forbes. https://www.forbes.com/sites/travisbradberry/2014/10/08/multitasking-damages-your-brain-and-career-new-studies-suggest/#3dfdd3f956ee

Brain scans reveal "gray matter" differences in media multitaskers. (2014). EurekAlert! https://www.eurekalert.org/news-releases/467495

Branson, R. (2010). *Richard Branson On the Business of Life*. American Express. https://www.americanexpress.com/en-us/business/trends-and-insights/articles/on-the-business-of-life-1/?linknav=us-openforum-search-article-link2

Cambridge University Press. (2021). *prioritize*. Cambridge Dictionary. https://dictionary.cambridge.org/dictionary/english/prioritize

Charles, D. (2017). *Smarter Faster Better*. Random House Books.

Chu, M. (2017). *Research Shows Listening to Music Increases Productivity (and Some Types of Music Are Super Effective)*. Inc.Com. https://www.inc.com/melissa-chu/research-shows-listening-to-music-increases-produc.html

Clear, J. (2013). *How to Stop Procrastinating and Stick to Good Habits by Using the "2-Minute Rule."* Lifehack. https://www.lifehack.org/articles/productivity/how-stop-procrastinating-and-stick-good-habits-using-the-2-minute-rule.html

Clear, J. (2018). *Atomic Habits*. Generic.

Colvin, G. (2005). *The Bionic Manager*. CNN Money. https://money.cnn.com/magazines/fortune/fortune_archive/2005/09/19/8272899/index.htm

Conti, G. (2017). *How to Delegate Tasks Effectively (and Why It's Important)*. Focus. https://www.meistertask.com/blog/delegate-tasks-effectively/

Corliss, J. (2014). *Mindfulness meditation may ease anxiety, mental stress*. Harvard Health. https://www.health.harvard.edu/blog/mindfulness-meditation-may-ease-anxiety-mental-stress-201401086967

Coscarelli, J. (2012). *63 Minutes With Jack Dorsey*. New York Magazine. https://nymag.com/news/intelligencer/encounter/jack-dorsey-2012-3/

Cuddy, A. (2012). *Your body language may shape who you are*. TED Talks. https://www.ted.com/talks/amy_cuddy_your_body_language_may_shape_who_you_are

Dorsey, J. (2015). *Jack Dorsey LIVE Chat*. Product Hunt. https://www.producthunt.com/live/jack-dorsey#comment-202183

Dowling, T., Kingsley, P., & Barnett, L. (2017). *What time do top CEOs wake up?* The Guardian. https://www.theguardian.com/money/2013/apr/01/what-time-ceos-start-day

Economy, P. (2018). *This Is the Way You Need to Write Down Your Goals for Faster Success*. Inc.Com. https://www.inc.com/peter-economy/this-is-way-you-need-to-write-down-your-goals-for-faster-success.html

The Eisenhower Matrix: Introduction & 3-Minute Video Tutorial. (2016). Eisenhower. https://www.eisenhower.me/eisenhower-matrix/

Ferrari, J. (2010). *Psychology of Procrastination: Why People Put Off Important Tasks Until the Last Minute*. American Psychological Association. https://www.apa.org/news/press/releases/2010/04/procrastination

Ferriss, T. (2015). *Die 4-Stunden-Woche: Mehr Zeit, mehr Geld, mehr Leben*. Ullstein Taschenbuch.

Fishbein, M. (2021). *15 Fast and Easy Ways to Boost Mental Energy Levels*. Lifehack. https://www.lifehack.org/articles/productivity/15-ways-boost-mental-energy-levels.html?ref=category_section_post_4

Foroux, D. (2019). *The Pomodoro Method: Take Strategic Breaks To Improve Productivity*. Darius Foroux. https://dariusforoux.com/takebreaks-pomodoro/

www.ingramcontent.com/pod-product-compliance
Lightning Source LLC
Chambersburg PA
CBHW051805050726

47598CB00006B/2430